三聯人文書系

陳平原 主編

邊緣與之間

梁元生 著

JPC HK

三聯人文書系
主　編　陳平原
責任編輯　楊　帆
書籍設計　彭若東

書　名　邊緣與之間
著　者　梁元生
出　版　三聯書店（香港）有限公司
香港鰂魚涌英皇道一〇六五號一三〇四室
Joint Publishing (H.K.) Co., Ltd.
Rm. 1304, 1065 King's Road, Quarry Bay, Hong Kong
香港發行　香港聯合書刊物流有限公司
香港新界大埔汀麗路三十六號三字樓
印　刷　中華商務彩色印刷有限公司
香港新界大埔汀麗路三十六號十四字樓
版　次　二〇〇八年十月香港第一版第一次印刷
規　格　大三十二開（141×210 mm）二五六面
國際書號　ISBN 978 . 962 . 04 . 2798 . 5

總序

陳平原

老北大有門課程，專教「學術文」。在設計者心目中，同屬文章，可以是天馬行空的「文藝文」，也可以是步步為營的「學術文」，各有其規矩，也各有其韻味。所有的「滿腹經綸」，一旦落在紙上，就可能或已經是「另一種文章」了。記得章學誠說過：「夫史所載者，事也；事必藉文而傳，故良史莫不工文。」我略加發揮：不僅「良史」，所有治人文學的，大概都應該工於文。

我想像中的人文學，必須是學問中有「人」——喜怒哀樂，感慨情懷，以及特定時刻的個人心境等，都制約着我們對課題的選擇以及研究的推進；另外，學問中還要有「文」——起碼是努力超越世人所理解的「學問」與「文章」之間的巨大鴻溝。胡適曾提及清人崔述讀書從韓柳文入手，最後成為一代學者；而歷史學家錢穆，早年也花了很大功夫學習韓愈文章。有此「童子功」的學者，對歷史資料的解讀會別有會心，更不要說對自己文章的刻意經營了。當然，學問千差萬別，文章更是無一定之規，今人著述，盡可別立新宗，不見得非追韓摹柳不可。

錢穆曾提醒學生余英時：「鄙意論學文字極宜着意修飾。」我相信，此乃老一輩學者的共同追求。不僅思慮「說什麼」，還在斟酌「怎麼說」，故其著書立說，「學問」之外，還有「文章」。當然，這裡所說的「文章」，並非滿紙「落霞秋水」，而是追求佈局合理、筆墨簡潔，論證嚴密；行有餘力，方才不動聲色地來點「高難度動作表演」。

與當今中國學界之極力推崇「專著」不同，我欣賞精彩的單篇論文；就連自家買書，也都更看好篇幅不大的專題文集，而不是疊床架屋的高頭講章。前年撰一《懷念「小書」》的短文，提及「現在的學術書，之所以越寫越厚，有的是專業論述的需要，但很大一部分是因為缺乏必要的剪裁，以眾多陳陳相因的史料或套語來充數」。外行人以為，書寫得那麼厚，必定是下了很大功夫。其實，有時並非功夫深，而是不夠自信，不敢單刀赴會，什麼都來一點，以示全面；如此不分青紅皂白，眉毛鬍子一把抓，才把書弄得那麼臃腫。只是風氣已然形成，身為專家學者，沒有四五十萬字，似乎不好意思出手了。

類似的抱怨，我在好多場合及文章中提及，也招來一些掌聲或譏諷。那天港島聚會，跟香港三聯書店總編輯陳翠玲偶然談起，沒想到她當場拍板，要求我「坐而言，起而行」，替他們主編一套「小而可貴」的叢書。為何對方反應如此神速？原來香港三聯向有出版大師、名家「小作」的傳統，他們現正想為書店創立六十週年再籌畫一套此類叢書，而我竟自己撞到槍口上來了。

記得周作人的《中國新文學的源流》一九三二年出版，也就五萬字左右，錢鍾書對周書有所批評，但還是承認：「這是一本小而可貴的書，正如一切的好書一樣，它不僅給讀者以有系統的事實，而且能引起讀者許多反想。」稱周書「有系統」，實在有點勉強；但要說引起「許多反想」，那倒是真的——時至今日，此書還在被人閱讀、批評、引證。像這樣「小而可貴」、「能引起讀者許多反想」的書，現在越來越少。既然如此，何不嘗試一下？

早年醉心散文，後以民間文學研究著稱的鍾敬文，晚年有一妙語：「我從十二三歲起就亂寫文章，今年快百歲了，寫了一輩子，到現在你問我有幾篇可以算作論文，我看也就是有三五篇，可能就三篇吧。」如此自嘲，是在提醒那些在「量化指標」驅趕下拚命趕工的現代學者，悠着點，慢工方能出細活。我則從另一個角度解讀：或許，對於一個成熟的學者來說，三五篇代表性論文，確能體現其學術上的志趣與風貌；而對於讀者來說，經由十萬字左右的文章，進入某一專業課題，看高手如何「翻雲覆雨」，也是一種樂趣。

與其興師動眾，組一個龐大的編委會，經由一番認真的提名與票選，得到一張左右支絀的「英雄譜」，還不如老老實實承認，這既非學術史，也不是排行榜，只是一個興趣廣泛的讀書人，以他的眼光、趣味與人脈，勾勒出來的「當代中國人文學」的某一側影。若天遂人願，舊雨新知不斷加盟，衣食父母繼續捧場，叢書能延續較長一段時間，我相信，這一「圖景」會日漸完善的。

最後，有三點技術性的說明：第一，作者不限東西南北，只求以漢語寫作；第二，學科不論古今中外，目前僅限於人文學；第三，不敢有年齡歧視，但以中年為主——考慮到中國大陸的歷史原因，選擇改革開放後進入大學或研究院者。這三點，也是為了配合出版機構的宏願。

二〇〇八年五月二日

於香港中文大學客舍

目錄

第二部分：「之間」的城

第三部分：「之間」的文化

前言：我是「之間人」

在今日的世界中，我自認是一個「之間人」。在香港中文大學歷史系網頁上，關於我的自我介紹，有這樣的一段話：

> 我是一介之間人。我生活於太平洋東西兩岸之間，我的閱讀興趣在於史學與文學之間，我的學術研究在於傳統與現代之間，儒學與基督教之間。【一】

另外，好幾年前我曾經在一篇文章中這樣寫過我對「之間人」的感受：

> 近來讀傅偉勳教授主編的一系列「當代學人學思歷程叢書」。傅教授邀請了當代十五位傑出學者如余英時、林郁生、杜維明、張灝、湯一介、樂黛雲和嚴家其等，把

【一】參香港中文大學歷史系網頁：http://www.cuhk.edu.hk/his/beta/ysleungframeset.htm.

> 他們的治學經歷和人生體會，以自傳的形式表達出來。目前已經出版的傳記有近十種，我所看過的有：劉述先著《傳統與現代的探索》、李歐梵的《在現代與後現代之間》、傅偉勳的《生命的學問與學問之生命》、湯一介著《在非有非無之間》及樂黛雲的《我就是我》。……
>
> 籠統地說，這些當代學人的一個共同特徵是：「之間」的生命。無論是在傳統與現代之間不斷探索的劉述先，或者是在現代與後現代之間徘徊的李歐梵，抑或在非有與非無之間生活的湯一介，都可算是連接兩端、東西兼顧、跨越時代的「之間」人。這些學人的成就，在一定程度上是善於融貫、兩邊攝取的本領和能力的反映。「中間」與「之間」似乎有一個很大的區分；「中間」只有一線，但「之間」有許許多多的線。「中間」會有一元化的傾向，而「之間」則一定是多元的選擇。……許多當代學人的成功，在於其為「之間人」，而不一定是「中間人」。【一】

正由於有這樣的感受，使我對中國近代史上的邊緣人，乃至處於同一境界的亞洲近代的一些知識分子，即所謂的「邊緣人」或「邊際人」（Marginal Man），感到特別濃厚的興趣，由此產生強烈的關注和研究的動力。本書所選擇的人物，都具備我所謂「之間人」

的性格和特點。他們或是處於中西、耶儒之間，又或處於東方和西方之間，又或在傳統和現代之間、城市和鄉村之間。他們在中國文化和西方文化之間徘徊，在基督教和儒學之間思索及探問，在中國與南洋或美國之間遊走和選擇。換句話説，他們是生活於兩個世界及多個文化之間的人物。這些經驗，與我的經驗相近，也與許多現代人相類。在全球化已經成為普遍現象的今天，需要在兩種文化之間生活或者需要為工作而常常穿梭於東半球和西半球之間的人，可以説只有是愈來愈多；而能夠涵泳或進出於兩者之間，更被視為一種可貴的能力。換言之，「邊緣人」在現代世界不會再備受白眼，遭人排擠了。通曉多種語文和適應多種文化的人，往往被認為是社會上難得的人才。然而，在上一個世紀，只不過是百年之前，做「邊緣人」並不容易，往往被看成賣國的洋奴或漢奸，一方面被認為對傳統不夠忠誠，背棄本土文化，另一方面又不為新的世界或文化所全然接納，人們有時甚至還存着輕視之心。當我重新觀察和分析這些人物的時候，我禁不住為自己生逢當世而感恩，同時也對先行者走過道路的艱難及其所經歷過的困惑和掙扎，感到十分同情和佩服。

【一】梁元生：《施榆集》（香港：香江出版公司，一九九六），頁一三四——一三五。

第一部分

「之間」的人

儒與耶之間：明末天主教士人李之藻

一、引言

兩個不同文化的接觸與交流，是個創造性轉化的過程。漢唐之間儒釋兩道之從詛詆到融匯、明清之際中西文化之從矛盾到調和，皆有相互啟發之效用。儒家傳統亦由於外來文化的衝擊而有所警悟以及變化，傳衍中兼有化生，因而再發一流、更進一境。當然，在兩種不同文化接觸的初期，因誤會與成見而產生爭持抗辯，甚而至於衝突逼迫而流血者，亦在所不鮮。故在斯時，具有高瞻遠矚的眼界、寬容開闊的胸襟，以及忍辱負重的性格者，始可能成為兩種文化交流之橋樑。本文所要探討的李之藻（一五六五—一六三〇），算是晚明中西文化交流史上一個重要的中間人物。透過李之藻一生的發展，特別是其由儒入耶的歷程，本文旨在探討一個知識分子在面對兩種文化衝突時的經驗，以及其在調和與結合二者上所作的努力。本文雖以李之藻之個人事蹟為經，而實以當時之學術風氣、社會政治與文化選擇問題為緯。此等問題，並非僅是李氏所獨有和獨對，而是當時不少知識分子所共同面對的。有些人所作的選擇和李之藻迥然不同，也有一些人和李之藻一樣走上了由儒入耶的道路，如徐光啟（一五六二—一六三三）、楊廷筠（一五五七—一六二七）、王徵（一五七四—一六四四）等。其個人之抉擇與所走的道路容或有異，然作為一個知識分子在晚明紊亂的政局與不同文化的困擾下如何自處、如何調適，卻是許多時人共同面對的問題。「路漫漫其修遠兮，吾將上下而求索！」李之藻在東方傳統與西方文化之間，在天上和人間不同的層面中，摸索追尋，以求一安身立命之所。他的問題，不單是明末清初三百年前中國知識分子的問題，也是三個半世紀後中國當代知識分子的問題。李之藻的抉擇，不一定是眾人的抉擇，但李之藻的經驗和體會，或許仍然會產生現代的共鳴和有參考的意義。

二、起始：儒家傳統的浸濡

一個人生於傳統，而囿於傳統，必然受着時空的限制。其遺傳血緣上之影響，暫不作辯；其不待言者乃家庭之哺育、友儕之來往、學校之教育及社會之風氣，必對一個人之思想行為與價值觀念有所影響，也有所限制。換言之，一個人生於斯、長於斯，其思想與價值觀必與斯土之文化傳統有極其緊密之聯繫。

李之藻生於十六世紀中葉以儒家文化為主導的中國，尤其在儒家學術風氣極盛的浙江，故其早期耳濡目染、受影響最深的，也就是儒家的傳統。

以下從其家庭背景、地方文化及入仕途徑進一步說明李氏早年為傳統式的儒家人物。

（一）家世——儒家的教養

對李之藻的家庭背景，我們所知不多，李氏並無家譜，亦無宗祠，其事蹟亦雖略見於方志，然文牘則散諸四方，於晚明信奉西學及天主教之「四賢」（即徐光啟、楊廷筠、李之藻及王徵）中，傳記資料最少。清阮元作《疇人傳》，卷三十二有李氏傳，極為簡略，迨一九一九年陳垣著《明浙西李之藻傳》，【一】蒐羅中西典籍，博採史志文獻，李氏生始略見梗概。其後方豪神父參考羅馬教廷及耶穌會士所遺紀錄，比對陸續發見的中西史料，在一九三七年著成《李我存研究》（我存為之藻別字）一書，近年又反復修訂而成《李之藻研究》一書，【二】徵引豐富，考訂翔實，於一九六六年在台灣出版，至此李氏生平，乃得較為詳備，並逐漸為人所共知。

一五六五年（嘉靖四十四年），李之藻生於浙江杭州仁和縣。據葡萄牙傳教士曾德昭（Alvarus de Semedo）之記載，李氏生於「武官世家」。【三】方豪根據李光元《市南子》卷五李之藻任工部都水清吏司郎中時皇帝所賜父子誥命，得知李父曾做過地方功曹及銓司幕府。【四】雖然資料不詳，但可以肯定李氏生於官宦世家。縱然並非顯赫望族，但仍持書香之教。其父雖名諱不存，《市南子》中誥命有言：「經史自娛，聖賢為則；孝於嗣母，篤及本生。……好書好士，令子賴以成名；教嚴教寬，即吏遵之有譽。」【五】以此觀之，誠為一儒者無異。故李之藻自幼即受儒家薰陶，勤讀經史。

（二）地域——浙江之文風

李之藻的家鄉杭州仁和，是個文風丕盛、教育發達的地方。在明清兩代，浙江一省在進士題名錄上以及在儒林傳中都高標獨秀、挺出鄧林。文人薈萃、學者輩出、書院林立，使浙江成為中國傳統文化的中心地區。鄰近的江蘇、江西和福建也同樣是學術氣氛濃厚和儒家教育興盛的省份。下表為元代各省學人及書院之地理分佈：【六】

【一】陳垣《明浙西李之藻傳》，最先於一九一九年發表於《國學》月刊一卷三號，後與《辯學遺牘》及《太西利先生蹟》合刊一冊。

【二】方豪《李我存研究》早於一九三七年完成，由我存雜誌社印行，只五百部，後因中日開戰，流傳不廣。後來方豪根據此書增補而成《李之藻研究》一書，一九六六年由台灣商務印書館出版。

【三】方豪：《李之藻研究》（台北：商務印書館，一九六六），頁二。

【四】同上書，頁六。

【五】同上。

【六】Ping-ti Ho, *The Ladder of Success in Imperial China* (New York: Columbia University Press, 1967), p. 230.

省別	經學家	史學家	哲學家	文學家	書院
河北	二十三	十八	十八	四十	二十
山東	○	六	六	十七	二十二
河南	六	五	八	十二	十
山西	三	七	七	十六	十二
陝甘	三	四	二	八	七
江蘇	二十七	九	二十五	六十八	二十六
浙江	七十九	三十	四十五	一百二十五	六十二
安徽	二十二	十一	十七	三十四	十七
江西	九十	二十四	三十四	八十六	七十三
福建	二十五	四	七	三十一	五十五
湖北	二	○	○	二	十九
湖南	二	○	四	八	三十七
四川	十	二	二	六	二十三
廣東	一	一	○	二	二十四
雲南	○	○	○	一	○

上表中江西一省在經學、哲學及書院的數目上皆比浙江稍多，但自明朝立國之後，浙江一省在這幾個方面都有更大的發展，在十五世紀中葉以後已經超越了江西，奠定了其文

化及學術方面的領導地位。在明朝一代進士登第名單中，浙江以三百七十人高踞榜首，其次為江蘇（三百五十六人），再次則為江西（三百零一人）、河北（二百八十七人）、福建（二百五十五人）。【一】浙江的紹興府、寧波府、嘉慶府及杭州府，都是文風極盛的地區，在明朝中葉之後，一直到有清一代，杭州更是人才輩出。以清代來說，單杭州所出之進士已有一千零四人，高踞全國各府之首。【二】所以萬曆《杭州府志》序說：「今天下浙為諸省首，而杭又浙首郡。」【三】從學術、教育及人才各方面來看，皆非虛語。李之藻生長在這樣一個文化區域裡，浸濡於其學術傳統之中，自然養成一個好學知禮的性格，而以科舉進仕為人生奮鬥的目標。

（三）仕途——舉業和功名

李之藻的父親以「經史自娛」和以「聖賢為則」，自然希望之藻走上仕宦之途；加以

【一】Ping-ti Ho, *The Ladder of Success in Imperial China* (New York: Columbia University Press, 1967），p. 239.

【二】同上書，頁二四七，論到明末清初江南學風的尚有Benjamin A Elman, *From Philosophy to Philology* (Cambridge: Harvard University Press, 1984），p. 8, pp. 112-113.

【三】萬曆七年刻《杭州府志》徐栻序，見吳相湘主編：《中國史學叢書》十五輯《明代方志選》第四冊（台北：學生書局，一九六五，一九八六），頁一。

其家鄉書院多而舉業盛，之藻幼承庭訓，兼受地方環境薰陶，和其他儒家社會中的讀書人一樣，他毫不例外地選擇科舉進仕之路，雖然他性格豪放，興趣很廣，並不局限於道統之學。至於他在何年中鄉試，資料不全，無從得知。他的高中舉人，則在一五九四年（萬曆二十二年），時之藻剛三十歲。【一】其後數年，李之藻似乎仍在不斷地為科舉考試而努力，卒於一五九八年（萬曆二十六年）。三十四歲時考中進士，在趙秉忠榜二百九十二人中，李之藻名列第八。【二】隨後會試，「以五經取士，每經首選第一名皆稱魁，是為五魁」。李之藻在三千考生之中，再列前茅，取得第五名。【三】在科舉的道途上，李之藻算是十分順利的。科舉考試主要是以儒家經典為內容，從這方面看李之藻，可以肯定他一定熟習儒家經典，才可以在這個傳統的考試階梯上平步青雲。以後他又做過鄉試的主考官，而且在研究儒家的祭祀禮儀方面頗有聲名，著有《頖宮禮樂疏》十卷。【四】凡此種種，皆證明李氏為一典型之儒家人物。

三、傳承：危機意識的滋長

李之藻在儒家傳統中生長及受教育，也循着傳統的途徑求取功名。一切發展，均相當順利，為什麼出仕之後竟然對傳統的價值和信仰發生懷疑，對從西方新傳入中國的科學和宗教發生興趣？

就一般人來說，因為在傳統的規範下不能抒展，甚至受到挫折（例如科舉接二連三的失敗），始會對傳統不滿，因此有脫離傳統和價值轉化的現象產生。但李之藻之情況並非如此。他對傳統之所以產生懷疑，最後導致他由儒入耶，我認為主要是一種強烈的「危機感」（crisis mentality）所造成的。這種危機感的滋生，與其個人之興趣、當時的學術思潮

【一】方豪：〈李之藻先生簡譜〉，收入《李之藻研究》，頁一九四。

【二】同上。

【三】方豪：〈李之藻先生簡譜〉，收入《李之藻研究》，頁四。因李之藻會試為五魁之一，其印章有「戊戌會魁」之印一枚。

【四】李之藻《頖宮禮樂疏》十卷，方豪認為此書係之藻任開州知州時撰，成書於一六〇九年（萬曆三十七年），是年之藻又重修明道書院，塑其於春風堂，為孔廟創樂器，選生徒為六佾舞。《頖宮禮樂疏》即為祭孔禮儀樂舞之書。見方豪：《李之藻研究》，頁一九七。是書收入《四庫全書》政書類典禮之屬。其成書年份也有認為在一六一五年（萬曆四十三年）或一六一七年（萬曆四十五年）者，見台灣國立中央圖書館影印版《頖宮禮樂疏》上冊之「敘錄」（台北：國立中央圖書館，一九七〇），頁四。

與社會皆有關係。

（一）個人的志趣

李之藻雖然勤習經史，以科舉進仕，但自小即對天文地理的知識有一種特別濃厚的興趣。西洋傳教士利瑪竇曾說及李之藻少年時的一件事，頗能反映李氏的性格。利瑪竇云：「（之藻）少年時曾繪一中國全圖，圖上有十五省，頗精確。以為天下盡在於此。」【一】其廣涉博覽的性格，也從《開州志》對李氏的評語中可以窺見，其言曰：「（之藻）於諸家之學，無所不窺。」【二】《頖宮禮樂疏》敘錄云：「（之藻）平居非讀即寫，無論宮會、乘輿、入城、下鄉，皆隨身攜書瀏覽，並非札記，習以為常。」【三】李氏少時好輿地求實際的興趣，與其後來喜歡研究地理和科學，是不能全無聯繫的；而其博採諸家的性格，卻使到他在當時門派主義盛行的學術圈中，產生不與同群的焦慮和孤寂的感覺。

（二）當時的學風

李之藻所處之江浙地區，在十五世紀初葉，陽明學說最為流行。到了之藻的時代，王學受佛老的影響，更產生許多流派，空談而不務實的風氣已變成了主流。在這些流派之間，有許多糾纏不清的哲學辯論，而往往這些抽象的辯論又多流為空談，或變為門戶性的爭執。研究明代思想史的美國女學者韓德琳（Joanna Handlin）對當時的學風有如下的描述：「這些學者對經典各有不同的解釋，其眾多的徒眾又成立門戶，堅持己見。一時各種見解紛陳，然而也因此減低了任何一種哲學見解的重要性。」同時，韓女士也認為其時許多的哲理之爭都是門戶之見，流於空疏而沒有實際意義。【四】

對李之藻來說，他的疏離與孤獨有兩個原因。一是因為他愛好「諸家之言」，沒有歸宗一個門派；二是因為性喜實務，故不滿時尚之空談。

（三）社會政治的黑暗

江南時期的李之藻，在學派紛立、門戶鬥爭的局面中所養成的無所適從的心理負擔與危機感，在到了中考之後留仕京師時並不稍減。反之，自從為官之後，更直接地體會和觀察到萬曆朝廷和社會的黑暗，因而更增危懼之感。李之藻在一五九八年進士及第後，即分

【一】方豪：《李之藻研究》，頁一九，引自德禮賢編《利瑪竇全集》利氏自序。

【二】方豪引自《開州志》，見方豪：《中國天主教史人物傳》第一冊（香港：公教真理學會，一九七〇），頁一一三。

【三】李之藻：《頖宮禮樂疏》影印版之敘錄，頁一。

【四】Joanna F. Handlin, *Action in Late Ming Thought* (Berkeley: University of California Press, 1983）, p. 94.

發南京工部營繕司為員外郎，一六〇一年（萬曆二十九年）到北京，與京中名公巨卿多所往來，並結識利瑪竇；一六〇六年（萬曆三十四年）任工部分司，至山東治河。【一】李氏先後在南京及北京為官多年，正當萬曆朝政治最黑暗之時刻——君主昏膺、宦閹弄權、政治腐敗、風紀不行。時人顧允成稱此時期為一「天崩地陷」之時代，【二】而一位現代史家則有如下的描述：「張居正死（後）……閣臣率多隨俗浮沉，政事敗壞，神宗既長，荒於酒色，加重賦稅，並遣宦官四出開礦，擾民達於極點。……中年以後，竟至二十餘年不視朝，群臣奏章，多不省覽。朝臣又各結朋黨，以排斥異己為事。」【三】當時這種社會與政治的危機是外在的、客觀的，使不少愛國的知識分子產生不滿現狀而求去弊和救時之心，以顧憲成、高攀龍為首反抗宦官弄權的東林黨人是其中的一撮，而擬以科學和工藝救國的李之藻和徐光啟也是其中的一分子。內心的危懼或許是主觀的，但加上了客觀的社會政治的危機，使李之藻對傳統文化產生了懷疑，加速了他「西化」的步伐。

四、轉化：接受西方的信仰

李之藻大約在一六〇〇年左右，在北京認識了西洋傳教士利瑪竇（Matteo Ricci,

1552-1610）。利氏為意大利籍耶穌會士，一五八二年奉派來華傳教。早期在澳門及廣東肇慶活動，並學習語文。其人有卓識，於西方天文曆數科技均有造詣，而對華則主張聯絡儒士、從上而下的傳教策略。【四】一五九九年，利氏及另一位耶穌會傳教士郭居靜（Lazare Cattaneo, 1560-1640）北上，從南京抵達北京，雖不獲萬曆皇帝的召見，但卻結識了不少公卿名士。李之藻和楊廷筠都是利氏在北京居停期間認識的。李之藻為艾儒略（Jules Aleni, 1582-1649）《職方外紀》作序時有言：「萬曆辛丑，利

【一】方豪：《李之藻研究》，頁四、頁一九六。

【二】顧允成詔，引自張顯清：〈晚明心學的沒落與實學思潮的興起〉，中國社會科學院歷史研究所明史研究室編：《明史研究論叢》第一輯（南京：江蘇人民出版社，一九八二），頁三一二—三一三。

【三】傅樂成：《中國通史》下冊（台北：大中國出版社，一九六九），頁六五三。

【四】有關利氏之來華事蹟及傳教策略，可參Vincent Cronin, *The Wise Man from the West* (London: Rupert Hart-Davis, 1955）。有蔡思果的中譯本，名《西泰子來華記》。其他如Jonathan Spence及George Dunne等學者之著作亦言之甚詳。

氏來賓，余從寮友數輩訪之。」【一】據此，李之藻之初識利瑪竇，則在辛丑，即一六〇一年也。但據巴篤里（Bartoli）著《中國耶穌會史》則謂：「（之藻）一五九九年後，在利瑪竇處研究西學，每天四五小時。」【二】其時之藻尚未進京，可能為一六〇〇年或一六〇一年之誤。根據巴篤里的記載，李氏結交利瑪竇後即對「西學」極表興趣，每天研究四五個小時之久。明顯地這和李之藻少年時好輿地、務實際的性格有關。他從西方的科學中看到「救時」的一個方案，希望藉此解決中國當時之弊病。這種忠心為國的心腸，和當時一些氣節之士如東林之流，有其共通之處。職是之故，李之藻不但和一些東林黨人有密切之往來，而且在許多時候被認為是一名東林分子。【三】

利瑪竇雖然以西方科學為手段交結士宦，但其來華主要目的是傳教。我們可以相信從他與李之藻認識時開始，即盡力向李之藻宣傳天主教義。然而，李氏初期的主要興趣在於「西學」而非「天學」（即天主教義），所以結交多年，李之藻仍未受洗入教。

直到一六一〇年（萬曆三十八年），李之藻才正式接受洗禮，成為一個天主教徒。這是他生命中由儒入耶的明顯轉折。李之藻的尋索，從「西學」到「天學」，由橫線而直線，由人間到天上，走了整整十年的漫長道路。

受洗入教是一種透過儀式公開表明受洗者接受一種新信仰，有極具重要的象徵意義。

基督教《聖經》説洗禮有着「脱去舊人，成為新人」【四】的意義，即是説對以前的及傳統的（舊人）的背棄，對現在的新信仰（新人）的接受。故我在此引用「由儒入耶」來形容李之藻的洗禮。雖然下文從思想上證明他對儒家傳統沒有明顯地否定或企圖擺脱，但從當時的眼光去看李氏受洗前後之所作所為，卻有着棄舊從新的感覺。

他的「轉化」，有幾個明顯的表徵：（一）接受洗禮；（二）使用新名（Leo，中文為良，又作涼庵）；（三）捐獻金錢，供建設教堂之用；（四）休妾。【五】在傳統社會中要作出上述公開的表示，難免會驚世駭俗，受到非議，而且李之藻信教之後數十年能堅定不移，成為中國天主教的「三大柱石」，在在表明他入教的真誠，不能算是一時之衝動。下面對其入教前之轉化歷程作更詳細之分析，至於其入教後如何處理中西文化之矛盾與調

【一】艾儒略：《職方外紀》李之藻序，見李之藻輯：《天學初函》第三冊（台北：學生書局影印版，一九六五，一九八六，原本存羅馬梵帝岡），頁一二六九。

【二】Daniello Bartoli, *Dell' istoria della Compagnia di Gesu*（《耶穌會傳教史》），此書引自方豪：《李之藻研究》，頁二〇。

【三】方豪，同上書，頁二〇五。

【四】《新約聖經》哥林多後書五章十七節。

【五】有關李氏受洗後事蹟，參方豪：《李之藻研究》，頁二六—三〇，又頁一九八。

和問題，則在下節再申述之。

李之藻從儒入耶的轉化歷程，長達十年有餘。在前五年中，他的興趣似乎是集中於西方科學而非西方宗教。他在這段時間和利瑪竇合譯了《經天該》，為一以詩歌方式而撰成之星辰名錄，故又名曰《經天訣》；又刊刻利氏《坤輿萬國全圖》及演譯《渾蓋通憲圖說》並作序。到了一六〇七年之後，他對西方宗教的興趣便大為增加了，他斥資在家鄉杭州印利瑪竇的《天主實義》，並且在前序中引朱子「帝者天之主宰」一語闡明「天主」之義，表彰天主教與儒家同出一源，不滿理學而排斥佛教。【一】同年，在譯畢《渾蓋通憲圖說》後所寫序中也有說到要昭事天主。翌年為利氏《畸人十篇》作序時，更明顯地表示有意問道。【二】

從科學到宗教的興趣的發展，是否有其必然性？以現代人的觀點來看，可能二者差距甚大，但在近代西方科學革命之前，二者的內在邏輯聯繫是非常緊密的。從觀察天體到認識天主，從探索宇宙到了解宇宙的主宰，是啟蒙運動以前西方科學的基本信念，因此宗教家與傳教士都在修道院中受過相當嚴謹的科學訓練，而利瑪竇等人也以西方科學作為引進宗教的門徑。故李之藻的興趣發展，是受到當時「西學」內在邏輯所影響的。

此外，對李氏入教影響的，也有人為的因素，特別是利瑪竇個人對之藻的影響。李氏對利瑪竇之印象曾經幾度改變：由「異人」到「獨行人」，再而成為「博聞有道之人」，至終則成為「至人」。（一）「始不肖，以為異人也。」這是開始時的印象，帶着看怪人的心理，也對他十分輕視。（二）「不婚不宦，寡言飭行，日惟是潛心修德，以昭事乎上帝，以為是獨行人也。」這是第二種印象：對利氏不結婚不做官的生活略有微言，但對其專心修道、培養品德的性格也頗為佩服。（三）「其持議崇正辟邪，居恒手不釋卷，經目能順逆誦；精及性命，博及象諱輿地，旁及勾股算術……則以為博聞有道之人。」這是非常好的形象了，到此時期，利瑪竇學問和道德都是令之藻極為欽佩的。（四）「語無擊排，不知者莫測其倪，而知之者相悅以解；間商以事，往往如其言則當，不如其言則悔，而後識其為至人也。」可謂對利氏言聽計從，佩服萬分了。【三】

利瑪竇除了在道德和學問上征服李之藻，還在一六一〇年李氏重病期間躬自照料，親身調護，適逢李氏孤身在京，飄萍無寄，在疾病和孤寂雙重壓力下得到這位外國傳教士的

【一】方豪：《李之藻研究》，頁二二。

【二】見《天學初函》第一冊《畸人十篇》李序，頁一〇一—一〇五。

【三】同上，又見方豪：《李之藻研究》，頁二六。

照料，感動之餘，病癒之後「幡然受洗」。【一】

還有一點值得提出的是：在一六三八年三月利瑪竇的函牘中已經提到李之藻有意接受洗禮加仕天主教，然而因為有妾的緣故未能受洗，【二】故拖延到其重病之後一六一〇年始接受洗禮。置側娶妾，亦如其他傳統社會之禮制和規範，在許多教徒轉化歷程上，有着延宕和阻滯的功能。到李之藻打破這種外在的傳統社會規範時，以傳統士人眼光來看已是脫離正統偏入邪道，但在天主教的立場來看，則是悔改歸真。

五、融合：雙重身份的建立

李之藻的入教，從外表來看，的確是脫離傳統、揚棄傳統，是「由儒入耶」的轉換身份。而在一六一〇年之後，李之藻也公開地以天主教信徒的新身份出現，並不掩飾。他描述自己以前的生活充滿「妄言、妄行、妄念」，自此之後則修習「和天、和人、和己」之德。【三】他對天主教的熱情是毫不虛偽的，不但力邀西方傳教士到其家鄉開堂設教，自己也以身作則，虔誠崇拜，並「將其夫人與太夫人虔誠供滿一室之偶像悉棄園中，付諸一炬，將救主像供於神龕中，囑家人供為真神」。【四】在沈漼發動南京教難之後，中國各處都有反教的風潮，傳教士也遭到迫害，李之藻開放府第以收容教士，並不屈於時勢。晚年雖為政事、譯事、邊事日夜忙碌，其恪守教義、維護其天主教徒立場則始終如一。但李之藻雖然接受了西方的宗教信仰，在生活和禮儀上有許多「反傳統」的跡象，可是卻沒有完全地脫離傳統。反之，李氏在成為天主教徒之後，無論在精神上或行為上，都處處盡力維持其儒者的生活和心態。換言之，李之藻在奉教之後所表現出來的是一種耶儒融合的形態，而非由儒入耶的單線發展。首先讓我們從外在的生活行為去看李氏儒者形態的延續。在這方面，至少有下列幾個例證：（一）李氏對地方教育及學術的支持——包括與文人儒士酬酢往來、編印文集及經籍等。例如在一六一八年，刊刻宋朝儒生陳造《江湖長翁集》，序中稱陳造「生為名儒，仕為循吏，歿為達士」。【五】又刊刻秦觀《淮海集》

【一】見艾儒略：《大西西泰利先生行蹟》，引自方豪：《李之藻研究》，頁二九。
【二】同上，又頁一九七。
【三】同上書，頁二六。
【四】同上書，頁三五，原文引自巴里篤《中國耶穌會史》。
【五】同上書，頁六四——六五。

四十六卷及其他前人文集多種，包括徹頭徹尾的儒家著作《四書人物考訂補》。【一】李氏不單在編書印書方面有很大的貢獻，還參與傳統縉紳的文學及社會活動，例如一六二一年《湖復大石山祭文》中，可見到李氏之名與其他杭州顯宦縉紳並列，表示他在信教後仍有參與此等活動。（二）他對儒家孝親的觀念及祭祀的禮儀仍然恪守遵從。在一六一一年他父親去世及一六二一年母親去世時，他皆辭官歸里，遵守舊例守喪。【二】（三）他在一六一〇年以後仍然和其他儒士常有來往，並且在十七世紀二十年代被名列東林。【三】可見至少在一些人眼中，李之藻仍然是個有傳統性格和民族氣節的儒生。當然，也有不少人認為他已然離經叛道而力加攻擊。

李之藻除了在家庭生活及社會禮儀上保持了某些儒家特徵外，在精神及思想方面也竭力尋求兩種文化的調融與和諧。以下從三方面探討李氏追求中西、耶儒融合的思想：

（一）天主與上帝本來為一

中國儒家雖強調自我的努力與奮鬥，以求成為善美之完人，但並不排斥鬼神，而「天」、「上帝」及「天命」更與人生密切相連，故曰「知天」、「敬天」、「事天」，又有「昭事上帝」、「上帝臨汝」等語。西洋傳教士在宣傳天主教時，往往喜歡把創造主或「天主」這個概念，比附早期儒家經典中所說的「天」或「上帝」。利瑪竇的說法可為代表。利氏《天主實義》上卷第二篇有言：

吾天主乃古經書所稱上帝也。《中庸》引孔子曰：郊社之禮，所以事上帝也。朱註曰：不言后土者，省文也。竊意仲尼明一之以不可為二，何獨省文乎？《周頌》曰：執兢武王，無兢維烈，不顯成康，上帝是皇。又曰：於皇來牟，將受厥明，明昭上帝。《商頌》云：聖敬日躋，昭假遲遲，上帝是祇。《雅》云：維此文王，小心翼翼，昭事上帝。……歷觀古書，而知上帝與天主，特異以名也。【四】

利氏援引多種儒家典籍，去證明儒家的「上帝」並非物質的「蒼天」，亦非宋儒所言的「太極」，而是創造及掌管天地的人格神，即天主教的「天主」。

【一】艾儒略：《大西西泰利先生行蹟》，引自方豪：《李之藻研究》，頁五六—五七。《頖宮禮樂疏》敘錄另外提及李著有《四書宗註》，或為此書之誤。

【二】方豪：《李之藻研究》，頁一九八、頁二〇二。

【三】同上書，頁二〇五。

【四】方豪：《方豪六十自定稿》上冊（台北：台灣學生書局，一九六九），頁二〇七。

李之藻對利氏以「天主」為「上帝」的說法，是表示完全贊同的。他為同鄉楊廷筠《聖水紀言》作序時說到天主教：「其教專事天主，即吾儒知天、事天、事上帝之說；不曰帝曰主者，譯語質。朱子曰：帝者，天之主宰。以其為生天、生地、生萬物之主也。故名之主，則更切。而極其義，則吾六合萬國人之一大父母也。……人有恒言：道之大原於天。如西賢之道，擬之釋老則大異，質之堯舜周孔之訓則略同。……六經中言天、言上帝者不少，一一參合，何處可置闕置？」【一】

（二）天主教義與儒家倫理互為補足

天主教中許多觀念與禮儀，李之藻認為在中國「古已有之」，這種說法其實仍然是儒家本位的，印證李氏時常用「吾儒」之語，可見李氏的儒者心態是根深蒂固的。但作為一個天主教徒，他又相信儒家有所不足，需要天主教去彌補。假如儒家與天主教毫無分別，李氏自然也不用接受天主這種「補儒」的觀念，根據陳受頤的研究，這種思想也可追源到利瑪竇，【二】但實實在在地提出「補儒」觀念的，卻要算是徐光啟。他在十七世紀初期就提出了「補儒易佛」的名言。【三】後來在一六一六年《辯學章疏》中說：「（天主教）以昭事上帝為宗本，以保救身靈為切要，以忠孝慈愛為工夫，以遷善改過為入門，以懺悔滌除為進修，以升天真福為作善之榮賞，以地獄永殃為作惡之苦報。……則諸陪所傳事天之學，真可以補益王化、左右儒術、救正佛法者也。」【四】徐氏從「昭事上帝」、「保救身靈」、「忠孝慈愛」、「遷善改過」、「懺悔滌除」、「升天真福」及「地獄永殃」各方面說明天主教義，並稱其有「補益」及「左右」儒家之功能。

李之藻雖然沒有像徐光啟一樣正式提出「補儒」的口號，但也早在一六〇八年還未正式受洗時就提到天主教在「救心豁迷」方面之效用比儒家有過之而無不及。他在《畸人十篇》序言中說：「（天主教）其言關切人道，大約澹泊以明志行德以俟命，謹言苦志以禔身，絕欲廣愛以通乎天載；雖強半先賢所已言，而警喻博證，令人讀之而迷者豁、衾者

【一】方豪：《方豪六十自定稿》上冊，頁二一五，又參陳受頤：〈明末清初耶穌會士的儒教觀及其反應〉，收入包遵彭主編：《明史論叢》之十（台北：台灣學生書局，一九六八），頁九八。西文書可參Jacques Gernet, *China and the Christian Impact* (Cambridge: Cambridge University Press, 1985), chapter 5.

【二】陳受頤：〈明末清初耶穌會士的儒教觀及其反應〉，收入包遵彭主編：《明史論叢》之十（台北：台灣學生書局，一九六八），頁八四。

【三】方豪：《方豪六十自定稿》，頁二一二。

【四】陳受頤：〈明末清初耶穌會士的儒教觀及其反應〉，收入包遵彭主編：《明史論叢》之十（台北：台灣學生書局，一九六八），頁九六。

醒、傲者愧、銛者平、悍者涕。至於常念死候、引善防惡，以祈宥於帝天，一唱三歎，尤為砭世之論，何畸之與有？」【一】他這裡說到「強半先聖賢所已言」，反之即是說有一小半為儒家先賢所未言，故天主教有補足之功效也。

至於在哪一方面補足，徐、李皆籠統言之，並不細述。但從二人的言辭看來，並不以宗教與倫理之差異來劃線。但在李之藻的「補儒論」中，卻有兩點比較清楚的：一是天堂與地獄之說，二是科學與儒學之關係。此處單述前者，後者下節再論。

李之藻認為天主教天堂地獄之說，雖然儒家經典中不傳，但並不能遽言先儒全無概念。他以為秦始皇焚燒典籍，許多經典因而失傳，故仍然有「古已有之」的可能；他也認為佛教也談到天堂地獄，但卻是從天主教偷去的，並推崇利瑪竇把其說從佛教「奪而歸之吾儒」，使儒家此說失而復得。【二】

(三)「理」和「器」相輔相成

李之藻以為西方科學與儒家實學又是一一參合，並行不悖的，而西方科學又更說理明白，可補儒者之不足。因此，他在一六二八年把西洋的宗教和科學譯著輯錄而成一部巨著《天學初函》，分理、器二編，每編十種。「理編」是宗教、倫理、地理方面的書，「器編」則為數學科技方面的著作。二者併合，始成「天學」。茲臚列二編名目如

下：【三】

「理編」所收書籍十種：

《西學凡》（唐景教碑附）

《畸人十篇》

《交友論》

《二十五言》

《天學實義》

《辯學遺牘》

《七克》

《靈言蠡勺》

【一】方豪：《李之藻研究》，頁二七。

【二】同上書，頁二八。又方豪：《方豪六十自定稿》上冊，頁二一五。

【三】李之藻編《天學初函》目錄及編旨，見台灣學生書局影印本第一冊，方豪：《李之藻輯天學初函考》，頁一—五。又每卷之內容簡介，見方豪：《李之藻研究》，頁一三四—一三九。

《職方外紀》

「器編」所收書籍十種：

《泰西水法》

《渾蓋通憲圖說》

《幾何原本》

《表度說》

《天問略》

《簡平儀》

《同文算指》

《圜容較義》

《測量法義》

《勾股義》

《天學初函》雖然所收錄者全係西方宗教、倫理、科學之書，但卻從幾個地方可以看到李之藻所作出之融合儒耶之努力。首先，在許多書籍的序言中，李之藻竭力把書的主旨和儒家思想建立聯繫，論宗教倫理之書固然如此，連科技性的書籍亦然。前者我們已引過

《畸人十篇》及《天學實義》等書，不必再贅。至於「理編」之書，可以《渾蓋通憲圖說》及《圜容較義》李序為代表：

《渾蓋通憲圖說》李之藻序：「儒者實學，亦惟是進修為競競，祲祥感召，繇人前知，咎或在泄，暨於歷筴，亦有司存，比我民義，不並亟矣。然而帝典敬授，實首重焉。人之有生，惡有終身戴履照臨，可無諳厥條貫者哉。瞻依切於父母，第見繪像，必恭敬止。儀象者，乾父坤母之繪事也。於焉顧諟太上修身昭事，其次見大祛俗，次以廣稽覽，次以習技數，而猶賢於博奕也。」【一】

《圜容較義》李序云：「第儒者不究其所以然，而異學顧恣誕於必不然，則有設兩小兒之爭，以為車蓋近而盤盂遠，滄涼遠而探湯近者。……」【二】

凡此種種，皆可見李氏竭力調和與融合二家之努力。

其次，從《天學初函》之體制上，也可見李之藻仍受到儒家特別是宋明理學的「理氣」二分觀念影響。李氏雖然極力推崇「古儒」而貶斥「近儒」，即是贊同先秦儒學而反

【一】方豪：《方豪六十自定稿》上冊，頁二一一六。
【二】同上。

對宋明理學（因後者受佛老影響之故），但其本身卻不能超脱理氣二分思想之影響，化氣為器，與理同列，一言精神，一歸物質，其思維形態，亦屬新儒家類型，只是融匯西方宗教科學於其中罷了。

總的來説，在李之藻接受了天主教之後，他仍然在力圖維持其儒者生活及心態，並竭力調和二者，以求得到內心的平衡和思想的融合。可以説，他同時具有兩種不同的身份。從種種跡象看來，他真心相信耶儒能並行不悖、互為補足，其內心沒有因雙重身份而發生矛盾。至少就其個人而言，他已成功地找到了兩種文化的接合點，因而沒有流露出焦慮和痛苦的心情。至於在當時社會上和現實生活上耶儒之融合、中西文化的調和，則並不見得成功，因為處處還是存着民教衝突、士紳反教的事件，足以證明李之藻的耶儒融合論只解決了他自己或者其他一小撮具有雙重身份的知識分子的內心矛盾，而沒有廣泛地為時人所接受。

六、結語

本文從起、承、轉、合四個歷程探討李之藻的一生，特別是其對傳統文化和西方文化的看法和態度，主要是提出明末中西文化尤其是耶儒二道交流時的一些問題。李之藻所面對的許多問題，我認為不單是他個人的，也不單止是他那個時代的某些知識分子的，而是許多當代人所共同面對的。我認為李之藻的態度，或者其提出的解決方案可以供我們參考，但不一定要跟隨。因為那只是個人的、主觀的見解和經驗。然而，透過集體的討論和多方的研究，也許我們可以在中西文化交流的問題上，共同找到一個或多個的接合點，在集體的、群眾的基礎上，推動社會和文化的巨輪，在創新的歷程上再進一步。

原文《求索東西天地間：李之藻由儒入耶的道路》，初稿刊於《九州學刊》三卷一期（一九八八年十二月）

東與西之間：十九世紀後期朝鮮人尹致昊的三國行

一、緒言：探索天國的版圖和疆界——尹致昊的跨文化經歷與識見

十八世紀以來，國家主義在西方興起，其思想、文化、政治和經濟的發展，皆與此直接有關；據此伸論，擴張國家的版圖和疆界，爭奪土地及資源以壯大國家之勢力，張揚國家之主權，乃被視為天下間不容質疑之公理。如是歐力東漸，使亞洲大部分地區及民眾，皆服膺於歐洲美國之堅船利炮之下，淪為殖民地和被統治者；遂至亞洲本地國家之疆界越縮越小，而西方殖民國家之版圖則越來越大。面對此縮彼長，疆土割裂，乃至國家危亡的亞洲人，有些興起了救亡圖存之心，尋求以民族主義相抗；有些欲師夷之長技以制夷，先向西方學習，再求奮發自強；亦有人主張直入西方文化之根源，尋求其進步富強之秘訣；再有進者，更主張全盤西化，把西化等同於現代化。各方說法，各持己見，不一而足。本文所考察之對象，乃在如此背景衝擊下的一位朝鮮知識分子，他不單具備有跨越疆界及跨越文化的豐富經驗，而且企圖跨越物質與科技文化，以東西精神作出探索天國（宗教）的努力和嘗試。此人是尹致昊（一八六五—一九四五）。

二、早年經驗：出身朝鮮貴族及青年留學日本

尹致昊於一八六五年一月二十三日（朝鮮李朝高宗元年十二月二十六日）生於朝鮮半島忠清南道牙山郡屯浦面新項里的一個貴族家庭。祖先十數代為官，顯赫功業可追溯到十三世紀之時。到了尹致昊祖父尹取東（一七九八—一八六二），始遷居海平。尹父雄烈（一八四〇—一九一一），自幼受儒家教育，通曉漢文，官至正憲大夫，為法部、軍部大臣，以及資憲大夫，學部、外部協辦。【一】尹雄烈成長和入仕的年代，適值西方列強入侵中國，清朝勢力衰微，對藩屬國朝鮮之控制漸漸疏離，而日本則經歷開國及明治維新，頗思振作，因此吸引了不少朝鮮的知識分子，以之為效法的對象。尹雄烈亦嘗訪日，屬於朝廷內鼓吹革新的「開化派」。一八八〇年英國駐日公使薩托（Ernest M. Satow）在其日記中曾提到初晤尹雄烈的印象：「Asano（李東仁）帶一朝鮮人來，其人甚佳，他說着零碎並不連貫的日本語，夾雜着一些中國官話，但使用刀叉時則像西方人一樣……明顯地是個

【一】見柳永烈：《開化時期的尹致昊研究》（漢城：韓吉社，一九八五），頁一七—一九。

開化黨人。」【一】

尹致昊生於朝鮮官宦之家，位列「兩班」（yangban），【二】跟其他朝鮮貴族大臣一樣，自幼受儒家經典教育，隨祖父尹取東學，對儒家思想及中國文化略有認識，也通漢字，但由於父親屬於開化黨人，受到日本維新運動的影響，自然也渴慕日本的新文化；年甫弱冠，尹致昊在十六歲時即隨父親及多名朝鮮官員到日本考察訪問，此即近代韓國史上著名的「紳士遊覽團」。該團由魚允中率領，於一八八一年由朝鮮到日本作考察和訪問，隨行人員共十數人，有趙準永、朴定陽、洪英植、金鏞元、俞吉濬等人，其中還包括年紀甚輕的尹致昊。他們參觀當時日本西學的大本營慶應義塾（福澤諭吉（一八三四—一九〇一）創立，即後來的慶應大學）及同人社（中村正直（一八三二—一八九一）創辦，亦以教授西學、地理、物理、經濟、英語、數學科目為主，兼教漢學），又參觀造船廠等，並且與日本外相井上馨（一八三五—一九一五）會晤交談。【三】

回國後許多紳士遊覽團的成員如金玉均、金允植、徐光範、俞吉濬等都鼓吹效法日本，厲行改革，引致朝中新舊兩派對立，新派（即開化黨）主張親日，舊派則思想保守，主張引清國為臂助，兩派爭持，激起「甲申之變」。當時在朝鮮為官的魚允中記其事云：「親日派金玉均、朴泳孝、徐光範，云清兵作亂，召日軍入衛，殺李祖淵、韓圭稷、閔台鎬、趙寧夏、閔泳穆等，新政府委金玉均為承旨，朴泳孝為前營使，徐光範為承旨、外務衙門，徐載弼為後營正領官，洪英植為左右營使、拜右相，邊燧、尹致昊為外務衙門參議，尹雄烈為刑曹判書，李載元為左相。上移住於李載元家。袁世凱領兵鎮壓，金玉均敗。英植、泳孝從上出亡，百姓仇日擁吳，監皇帝，復舊政，以金弘集、金炳始為左右相、沈舜澤領議政、金允植拜兵曹判書、李鳳九後營使、李奎奭拜右營使、趙秉鎬外務督辦、魚允中戶曹參判。玉均、泳孝、光範、載弼，俱投日本。」【四】

尹致昊隨朝鮮紳士遊覽團訪日，但並沒有即時隨團回國，他和俞吉濬等少數人留了下來，在日本學習英語和日語。俞吉濬跟從日本明治前期最著名的自由派知識分子福澤諭吉

【一】柳永烈：《開化時期的尹致昊研究》，頁二〇。

【二】關於「兩班」制度，即文武兩班，是朝鮮李朝官僚制度，影響所及，稱朝鮮之官僚貴族為兩班，社會地位崇高，見蔡茂松：《韓國近世思想文化史》（台北：東大圖書公司，一九九五），頁一七三—一七八；又見姜萬吉著，賀劍城、周四川、楊永騮、劉渤譯：《韓國近代史》（北京：東方出版社，一九九三年），頁一六。

【三】見《尹致昊日記》，第一冊，頁二四。

【四】見《魚允中全集》，收入張存武編《近代中韓關係史資料彙編》第十一冊，頁五五—一七八，甲申事變見頁一五一—一五二。

學習，而尹致昊則師隨另外一位維新分子中村正直（Nakamura Masatada, 1832-1891）學習英語【一】，並且在一八八三年成為美國首任派朝鮮公使富特（Lucius H. Foote）的翻譯員。一八八四年甲申政變時，他顯然並沒有積極地參與，因為日記中他似乎對激進的金玉均及朴泳孝等頗有微言。然而，在甲申政變中，新政府受委官員中赫然有尹氏父子之名，可見其與新黨過從必然甚密。【二】新黨失敗，金玉均、朴泳孝流亡於外，朝鮮國內一時人心惶惶，風聲鶴唳，尹致昊的不少友人皆受牽連，尹氏父子也終被波及：尹雄烈被囚禁，尹致昊則倉皇出走，離開國門，遠走避難。一八八五年一月，他乘船離開朝鮮，再次到了日本。但在日本長崎停留期間，他從美國軍官史泰爾（General Stahl）那裡，得知史泰爾的朋友阿倫（Young J. Allen，即林樂知）在中國上海傳教，不久前還開辦了一所叫做中西書院的新型學校，傳授西學及英語。尹氏聞之心動，遂由General Stahl推薦到上海入學。【三】另一方面，經濟考慮也是尹氏留在亞洲不到美國生活的原因，他雖然出身貴族之家，但其時正流亡於外，阮囊羞澀，財帛並不充裕。美國生活的費用不菲，經過考慮之後，乃決定先到上海留學，再圖後計。【四】此一變計，引起了後來一連串的變化，改變了尹氏整個人生，對近代朝鮮及亞洲基督教也有很大的影響。

一八八五年尹致昊抵滬時才剛過二十歲。自此之後十年之久在外飄泊，先是在上海三年餘，肄業於中西書院，一八八八年秋再到美國留學，先後就讀於田納西州納士維爾市（Nashville）的范德堡大學（Vanderbilt University）及喬治亞州的艾摩利大學（Emory University，此乃美國南部名校，亦為林樂知的母校），共有四年多的時光，至一八九三年回上海中西書院服務，直到甲午戰爭之後一八九五年回國。這十年去國生涯，應該是尹致昊生命歷程中轉變最大、影響最深的十年。下文將分別在兩節中分析尹氏在上海和美國之經驗及其思想的轉變。

【一】Kenneth M. Wells, *New God, New Nation: Protestants and Self-Reconstruction Nationalism in Korea*, 1896-1937 (Honolulu: University of Hawaii Press, 1990) p.49。關於中村的事蹟和思想，參王家驊：《儒家思想與日本的現代化》（杭州：浙江人民出版社，一九九五），頁六九—八二。

【二】見《魚允中全集》，收入張存武編《近代中韓關係史資料彙編》第十一冊，頁五五—一七八，甲申事變見頁一五一—一五二。

【三】柳永烈：《開化時期的尹致昊研究》，頁五九。

【四】本來尹氏未想過要去上海，去國時只是想到日本或美國去留學，見一八八五年六月五日由上海寫給朝鮮朋友的英文信，收入《尹致昊書翰集》（漢城：國史編纂委員會，一九八〇），頁一—二。

三、在中國尋找西方：留學上海時期的尹致昊

尹致昊於一八八五年一月二十六日乘輪船由日本抵達上海，先寄住在日本人開設於虹橋的上野旅館。翌日即往中西書院報到，初晤林樂知（Young J. Allen），印象甚佳，《日記》有云：「第一次往中西書院，見林樂知，碧眼美髯，風采軒昂。」【一】辦好了註冊入學手續後，第二天就開始上課。據《日記》把其初到上海三個月的生活日程，重新排列如下：

一月二十八日 往學校受課，地理、文法；宿蘇州路上野洋行。

一月三十一日 早課後休業，放年假。

二月三日 以上野店租貴，搬出。

二月四日 復課。

二月七日 夜飲。

二月十日 生日。

二月十一日 公園不許「豚尾」入。【二】

二月十五日 農曆新年。

三月一日 朝伴美師往觀佛人禮堂及美人禮堂。

三月三日 住入中西書院。早8:am 早餐，一飯兩蔬；12 noon午飯，一飯四菜；6pm晚飯；飯食俱覺粗率。【三】

尹致昊初到上海之時，年僅二十歲，是個出身貴族而又血氣方剛的青年，雖然才華橫溢，見識豐富，卻也帶着一般封建貴家子弟的不良習氣。從《日記》所見，他在朝鮮時即已嗜酒、召妓，好冶遊。一八八四年二月二十七日《日記》有「狎妓」之語，又有「耽於色」的記載。【四】

這些習慣在他到滬最初一年似乎絲毫未改，如《尹致昊日記》一八八五年八月十二日

【一】《尹致昊日記》一八八五年一月二十七日，第一冊，頁一三四。

【二】同上書，頁一三五，指清人辮髮也，泛指清朝之中國人，為不敬之稱謂，尹氏早年日記常用此語稱中國人。

【三】《尹致昊日記》，第一冊，頁一三九。

【四】同上書，頁四七、頁一〇七；和他來往密切者有白侍娘（I:51）、毛嬌娘（I:66，121）及 Miss Paik（朴氏）（I:59）等，尹氏並最後還娶了白侍娘為妻，《日記》第一冊，頁九〇、頁九四。

及一八八六年一月九日均有記「狎妓」和「與樂娘同寢」之事。【一】至於好酒貪杯，《日記》中更有詳細的紀錄。韓國崇實大學學者柳永烈曾據其日記作出其飲酒次數之統計如下：【二】

年╲月	一月	二月	三月	四月	五月	六月	七月	八月	九月	十月	十一月	十二月	合共
一八八五		一	二	一	○	○	三	五	七	三	三	五	三○
一八八六	四	九	二	四	一	二	○	一	二	四	三	一	三三
一八八七	一	一	○	○	○	○	○	○	○	○	○	○	二

（資料來源：《尹致昊日記》第一冊 I:142, 143, 154, 155, 156, 161, 162, 165, 167, 168, 169, 170, 172, 175, 176, 177, 178, 179, 180, 181, 184, 185, 188, 189, 191, 192。）

尹致昊作為朝鮮的貴冑公子，雖然流亡海外，仍帶着一點傲氣，尤其是對於同受儒家影響思想保守的中國，並不以為文化高尚及值得尊崇，反之，他對中國社會及文化都常有尖刻的批評。他到達上海不久後即為農曆新年，上海市上一片繁榮景象，他承認中國人較

朝鮮人富裕，但《日記》對其生活習慣有以下的描述：【三】

上海城市到處鋪石，衣服多錦繡華麗之物，回憶我國富貴人家豪奢子弟衣服，不及此地平常人平常服，此雖少（小）事，我國之無財可知；道路上到處放溺，惡臭滿城，男女老少隨其等分，爪有長短，假衾上等貴人爪長五寸，其次二寸五分，其次一寸五分，常不磨齒，（牙）屎積至二三寸之處，色如黃金，開口醜如狗糞，以多年不洗齒為貴……晝夜工作，似頗勤業，而以其粗陋推之，其怠惰亦可見。人民甚好廣張虛勢，大尚浮文，俗好噪叫，不顧國體之如何，只求分錢之利。飲食之不精，令人嘔吐，外國人輕侮，不（啻）若狗豚一般，為猶自以為中國人民，目他人為夷狄。噫，甚哉！天何不救此國人民，極之而置之於清鮮空氣之域乎?!

【一】《尹致昊日記》，第一冊，頁一六三，一八九。

【二】統計表見柳永烈：《開化時期的尹致昊研究》，頁六二。

【三】《尹致昊日記》，第一冊，頁一三七—一三八。

尹致昊來到上海，不是羨慕大清帝國，也非嚮往中華文化，主要是要隨西師與習西學。明顯地在當時不少朝鮮人眼中，中國除了是個儒教大國，也在引進西學方面比東亞國家領先，吸引了鄰近地區如朝鮮及越南的年輕學者官員來此取經。在中西書院首年的學習之中，尹致昊致力於學習英語和其他西學課程，他的成績超越其他的中國學生，【一】深得林樂知及其他教員的賞識。正由於林氏和其他傳教士的關懷和校內基督教氣氛的薰陶，尹致昊逐漸對自己好色貪杯的生活行為有多次的反省和自責。從第二年（一八八六）開始，他就嘗試努力於去改變自己，要戒除飲酒狎妓的陋習【二】，又伴隨老師在禮拜日上教堂，聽基督教的道理。【三】當然這並非一朝一夕的事，尹氏也反復多次，才能改變惡習，並且最終成為一個改信基督教的朝鮮人。基督新教在十九世紀七十年代末始傳入朝鮮，故尹氏可以算是近代朝鮮第一代的基督徒。【四】

在中西書院的教師之中，對尹致昊影響最大的有兩人：一個當然是書院的創辦者兼主持人林樂知，另外一個是馮昌黎（L.B. Bonnell）。關於林樂知來滬及中西書院的創辦，我在《林樂知在華事業與萬國公報》一書之中已有詳細的敘述和分析，【五】但著書時對林、尹師生二人的情誼則未曾注意。由於尹致昊來華之前早已聽聞林樂知之名，初見時亦對這位傳教士院長印象深刻，以後時常請益，陪侍左右，故此林氏對他影響也最大。他日後赴美升學，回到上海教書、結婚，以及回國後的教育工作和傳教事業，無不與林樂知有所關聯。尹氏《日記》中雖有一兩處地方對林有間接而隱晦的批評，但更多的是對這位老師的稱讚和敬重。馮昌黎和林樂知一樣是監理會的傳教士，但他在監理會及中西書院的工作，就不多為人知曉，因其性情較為內向，作事用心，但功績不顯；他對尹致昊十分關懷，和林樂知在中西書院同教「宣教教育」的課，尹氏在《日記》中多次提到他，遇到疑難時都會向他請示，顯然是關係比較親近。其後尹氏留學美國之後再回到上海中西書院

【一】一八八五年七月考試，尹氏得第一名，永見第二，江載祐第三。見《尹致昊日記》，第一冊，頁一五六。

【二】一八八六年之後，尹氏屢次提到戒酒的事，同上書，頁一九三，一九六，一九七，一九九，二〇一，二〇二，二〇六，二〇七，二一八，二二一，二二二，二二四，二二六，二二七，二二八，二三〇，二三一等。一八八六年五月二十二日《日記》有云：「決心不狎妓」，同上書，頁二〇五。

【三】尹氏最早在一八八五年三月一日即隨傳教士參觀教堂，但未有進教之心。同上書，頁一三九，又見頁一五四，頁一六七。自一八八五年年底起，他去教會聽道次數漸漸增多。

【四】參姜萬吉著，賀劍城、周四川、楊永騮、劉渤譯：《韓國近代史》（北京：東方出版社，一九九三），頁三〇〇。

【五】梁元生：《林樂知在華事業與萬國公報》（香港：香港中文大學出版社，一九七八）。

任教，目睹學校兩位重臣之間的權力鬥爭，在馮昌黎及羅樂義（George Loehr，林樂知女婿）兩人之間，他似乎更傾向於支持馮昌黎。

除了「宣教教育」一課，尹致昊在中西書院期間還讀過以下一系列的課程和書籍：英國史、美國史、文明諸國史略、富國策、化學新編、萬國地圖、英語註解、Gulliver's Travels, Walter Scott, W. Emerson, Shakespeare、天路歷程、聖經等。毫無疑問，其中不少課程是有着基督教內容的。在這種氛圍下，尹致昊開始思想基督教與國家、民族和文化的關係，最終走上認信的道路，兩年之後在一八八七年四月三日復活節受洗入教。【一】關於尹致昊的皈信基督教，韋爾思（Kenneth M. Wells）曾經作過以下的分析，他說：「自從一八八六年始，尹氏就經歷一個靈性上的危機，最終導致他在一八八七年四月三日接受洗禮加入上海監理教會。那是經過一番閱讀、討論和思考的，尹氏把它看得很認真。關於他的皈依基督，有兩點頗為重要：第一，他的皈信好像完全沒有直接政治方面的考慮，實在而言，後來尹氏還擔心他的信仰會成為其政治上的負累。其次，他把基督教主要看作一個內在的、個人的啟蒙，逐漸地帶來生命的改變。」【二】從一八八七年初開始，尹氏為自己定下一連串的生活守則和規條，要求自己努力遵守和節制，如起寢條、洗手條、禁午睡條、戒酒條、謹戲條、直言條、鎮怒條等。【三】韋爾思強調尹致昊最初接受基督教信仰是完全沒有政治動機的，從沒想到基督教與社會改革和富國強民的關係，而只是從倫理道德及生活行為方面作出考慮。換言之，他這時主要是從倫理學角度去認同基督教的。

當然，韋爾思承認基督教信仰在日後成為尹致昊整個生命中最重要的部分，並不止於個人的道德倫理而已，而且關乎社會的再造和國家的改進。不過此乃後話，他認為在上海中西書院學習時期基督教對尹致昊的影響，則主要在個人道德及生活行為方面。至於基督教對於他對朝鮮政府及中國文化態度的變化，似乎並沒有很大的作用。

為了了解年青尹致昊信道的背景，我們有必要考察一下他對國家和文化的看法。首先，在來上海之前，尹氏家族及其本人一直都捲入朝鮮政治之中，他無時無刻不在想着朝鮮改革富強之事，很難想像這樣一個人會因信教而不再關心家國和政治。當然，其時他正流亡在外，能切身參與的政治事務不多，但從《日記》所見，他對朝鮮國內政事是時刻不忘的，關懷之情一直浮現於字裡行間。例如：朝鮮在甲申政變之後，由親中的保守派主持

【一】Kenneth M. Wells, *New God, New Nation: Protestants and Self-Reconstruction Nationalism in Korea*, 1896-1937, p.50.

【二】同上。

【三】《尹致昊日記》，第二冊；又見柳永烈：《開化時期的尹致昊研究》，頁六二。

政局，外交事務靠李鴻章倚重的德國人穆蘭德（尹氏日記作木哥）主持，國內治安則賴駐守境內之清兵鎮壓。尹氏認為此乃恥辱之事，《日記》中說：「對清人有保護朝鮮之說，甚厭。」又云：「腺臭觸鼻……朝鮮人所受恥辱無有過者耶！」【一】

明顯地初來上海時尹致昊對清朝政府及中華文化皆無好感。雖然朝鮮官員中不少人尊清朝為宗主國，並且崇奉儒教，又在政治上主張聯清抗日，支持清朝派兵到朝鮮半島之政策，而且建議派出青年才俊到中國天津學習商務、水師和煤礦等新法，【二】但尹致昊則頗不以為然。除了上面引述的批評，在他《日記》中還有多處反映出他對清朝的厭惡態度，如「清國窺我國人懦弱，可恨」。【三】「吳長慶之助平內亂，為恥為辱」。【四】由於當時不少中國人和朝鮮人仍然保持着以往的「宗藩」思想以看待兩國關係，而不把朝鮮看成一主權獨立的國家，只有少數的「開化派」人因受日本及西方影響，才會有此觀念。觀乎尹氏言行，很早就認同這種對國家的看法，以為朝鮮應有自主之路，不應再倚賴清朝。他說：「清韓關係，往為藩，今清人仍欲鉗勒。」。【五】在他看來，宗藩關係已經是往昔的事，現時的朝鮮已進入一個嶄新的時代和面對全新的世局，應該尋求獨立自主之路。他反對清朝派兵入朝平亂，曰：「內治非關清廷之事。」【六】把它看成外人干預朝鮮國家之內政，於此可見青年尹致昊對國家主權的看法，已和現代人相去不遠。

至於文化，他的看法和態度則與同時期的許多亞洲知識分子，特別是中國基督教的知識分子稍有不同。主要的分別表現於「文化的歸屬」及「內心的掙扎」兩方面。許多皈信基督教的中國知識分子，包括與尹氏同時代的孫中山、王元深、洪仁玕、黃乃裳等，似乎都有徘徊於兩重文化之間的經驗，面對中國傳統文化，沒有想到要完全脫出或放棄，才改信基督教。就算皈信基督教以後，還不斷尋求東西文化之混合，試圖融合內心的張力和矛盾。反觀尹致昊的信道經驗，則對文化歸屬感方面的意向選取，似乎毫無困苦或作難，他

【一】《尹致昊日記》，第一冊，頁一五一。

【二】十九世紀八十年代朝鮮政府與清朝關係緊密，負責商務的大臣魚允中曾多次訪問上海、天津，商討派遣留學生及商務事宜。見《魚允中全集》，收入張存武編：《近代中韓關係史資料彙編》第十一冊，頁五五——一七八；他談及一八八一年三月訪問上海（四月十日）時，說：「訪王松森、蘇松太道劉瑞芬、太守陳寶渠及鄭觀應」（頁一〇五）後，便「乘船回天津，留招商局，總辦唐廷樞，委員黃□□招待，又見津海關道周馥，謁李鴻章，再還上海，到長崎，回東萊」。同上書，頁一〇五——一〇六。

【三】《尹致昊日記》，第一冊，頁一一六。

【四】同上書，頁三二。

【五】同上書，頁三六、頁四三。

【六】同上書，頁三三。

很容易地作出棄儒從耶的選擇。

首先，尹氏覺得中國和朝鮮同屬一個文化區，都在儒家文化的影響之下。但在他看來，這種儒家文化帶來兩地之影響是壞的，是使社會僵化的，是守舊及過時的；反之，他所以接受基督教，是因為基督教是西方國家文化的基礎和根源，而這種文化是好的，是使社會進步的，是帶給國家動力走向富強的。他認為社會的改造及人的變化主要是靠文化的功能，因此要國家轉弱為強，不能不從轉換文化着手。換言之，他雖然自幼深受儒家教育，【一】但沒有對儒學生出深厚的感情，反而主張先捨棄儒家文化，國家和人民才有更新富強的希望。在這一點上，尹氏和同時期到中國留學的朝鮮青年是有着明顯不同的。在一八八三年《申報》中，就有一段關於朝鮮留學生的報導，說有尹姓及閔姓的三個朝鮮人在上海習西國語言文字，年輕者十四歲，年長者二十五歲，「均係世家大族之子弟」，秀外慧中，又「皆頗通華語」。【二】情形和尹致昊差不多，可能也是中西書院的學生。但大多數到中國留學的朝鮮人，對中國文化和中國人的態度，都不像尹氏那麼消極，甚至於常常流露厭惡之情。

四、從西方回眸中國：尹致昊在美國的思想衝擊和變化

尹氏在上海中西書院讀書時，受林樂知等傳教士影響而皈依基督教，受洗加入美南監理會（Methodist Episcopal Church, South）。監理會與美以美會（Methodist Episcopal Church, North）本同屬一源，是衛斯理宗的一支，兩派因解放黑奴問題意見不同而於一八四四年分裂為二。鴉片戰爭後兩派來華傳道，初期美以美會專注福建，而監理會則集中在江浙活動。監理會的首批來華傳教士為秦右夫婦（Benjamin and Mrs. Jenkins）及戴樂夫婦（Charles and Mrs. Taylor），於一八四八年四月自波士頓出發，十月抵達上海，一八五〇年建立第一座教堂，翌年有傳教士的中文教師劉竹松信道入教，成為監理會的最早華人信徒。其後數年，監理會在十九世紀五十年代續派耿惠廉（W.G.E. Cunnyham）、藍柏（J.W. Lambuth）、雷大衛（D.C. Kelly）和唐雅各（J.L Belton）等

【一】《尹致昊日記》曾記載他早年在朝鮮曾讀儒家經典，又侍奉皇帝讀《尚書》、《三國志》等，見第一冊，頁四二、頁一一三—一一四。

【二】《申報》，第三七八二號（一八八三年二月十一日）（台北：台灣學生書局影印版）第三十九冊，頁二六七七二。

到中國傳教，大都在滬發展，而耿惠廉不但在上海九年，熟悉本地風土民情，而且通曉滬語，在虹橋建立監理會第二座教堂，名為化善堂，信徒人數遞增。耿氏後來在一八六二年離職從政，加入美國政府成為美國駐滬領事。藍柏則把傳教工作擴展到蘇州。但監理會在華工作得到迅速發展和擴大，乃在林樂知來華之後。林氏夫婦與初生女兒在一八六〇年七月乘船自美來華，年底到達上海，但不久因美國南北戰爭爆發，差會（外國教士特別組織來華傳教的團體）經濟中斷，林氏為養家餬口，只得參與俗務，先是編輯《上海新報》，後則加入中國政府的江南製造局，負責英語教學及譯書事務，到了後來才重返監理會做傳教的工作。【二】在江南局教學和譯書的同時，林樂知亦開始自辦《教會新報》，由一八六八年起，連續出版到一八七四年改名為《萬國公報》，除了報導教會消息，更包括外國新聞、科技發展、歷史地理和各種政治、經濟的消息和議論，廣受中國維新人士的歡迎。

尹致昊在上海時受林樂知的教導和影響而接受基督教，故此在教義方面趨向於監理會的保守，但由於林樂知的熱心社會改革，又適合他關心政治社會的性格，所以他同時具有實用主義社會改革家（pragmatist social reformer）及倫理主義道德家（ethical moralist）的雙重性格。由於他相信此信仰既能改變其自身之生命，並且相信由此信仰化衍出來的西方文化更能對國家社會之改造有所幫助，因此，他渴想做到的是以基督徒的道德生活去帶動社會改革，而至全國國民的素質有所改進，達到國富民強的局面。這是他留學美國的一個目的，而其留學經驗也加強了他這種以宗教改革社會的信念。至於大力促成其留學的林樂知及其他傳教士，可能對他有不同的主觀期待，這就自不待言了。

一八八八年秋天，尹致昊乘船離開生活了三年的上海，遠赴美國留學。九月二十八日到美國田納西州納士維爾市的范德堡大學唸神學。這年之中他修讀的科目包括了教會史、演説學、聖經史、説教學、倫理學、心理學、教會政府（church governance）、修身、化學等。【二】尹氏在范德堡大學修讀一年，主要學習的是基督教神學方面的課程。除了正規課，他也參加教會聚會和主日學。其後一八八九年秋，尹氏轉到喬治州艾摩利大學（Emory University）深造，師從肯特拿（Warren C. Candler），肯氏是美南監理會教長，也是頗負盛名的神學家，同時又是早年林樂知的老師，故此尹氏到艾摩利既是自己的期望，也是林樂知的心願。由於經過第一年緊張的學習生活，尹氏在語言和學科方面都應

【一】姚民權：《上海基督教史》（上海：上海市基督教三自愛國運動委員會出版社，一九九四），頁二七—二九。

【二】柳永烈：《開化時期的尹致昊研究》，頁七〇。

付得來，因此他在艾摩利有更多的閱讀和生活空間，特別是更多讀到西方文學和歷史方面的書籍的機會。【一】與此同時，他也時常到不同城鄉去佈道及報告中國宣教情況。【二】正因如此，他被迫反顧朝鮮、回眸中國，對東方儒家文化重新作出反思。以下我們從他的日記中檢視他對朝鮮、日本及中國三個國家和民族的觀感，對其共有的儒學文化有怎樣的看法。

首先，據他《日記》看來，尹氏最為討厭中國人，而最喜歡的則是日本人，對本國朝鮮人，則可以說是愛恨交集，是一種非常複雜的感情。

他痛恨清人於甲申之變後進駐朝鮮，並且給守舊派勢力撐腰；他又看不慣清人盛氣凌人，視其他民族為「夷狄」，而不自知自身之污穢疲弱，故蔑稱之為「豚尾」、「狗豚」，已如上述。在美國數年之後，他對中國人這種主觀歧視還是存在的。在他到了美國之後，他雖然屢次被教會邀請作有關中國宣教的報告，而且有時被誤以為中國人，【三】但總是對中國人沒有好感。他屢次批評中國人污穢（filthiness）和粗魯（rudeness），【四】他乘船來美國時受不了大艙裡中國華工的骯髒氣味，乘船離開美國時也還是一樣受不了華人船艙裡的髒和臭。【五】相比之下，日本給尹致昊的印象，則是一個非常有禮、好客而又清潔的國家。他早年留學日本，一八九三年十月自美國回上海中西書院任教之前至少三次途經日本，而且都有稍事停留，參觀考察，探訪朋友，日本對他來說，不算是個陌生的地方。回上海前他旅經橫濱、東京及長崎，也拜訪了日本著名的西化派思想家及教育家福澤諭吉，以及一些日本及朝鮮故舊如朴永孝、金玉均等，都留下深刻的印象和好感。【六】對於朝鮮國人乃至相熟朋友，尹氏有時也有很尖銳的批評，例如對徐載弼（Philip Jaisohn）這個開化黨、基督徒兼西化派人物，他的指責是十分嚴厲的。他說：「徐為人小器、自私

【一】在艾摩利時期，尹致昊讀過不少宗教以外書籍，《日記》提到的包括*History of England*, Edward Gibbon's *The Decline and Fall of Rome*, McKenzie's *Indian Empire in the Nineteenth Century*, literature including Ingersoll, Hawthawne, Tennyson, Edgar Poe, Victor Hugo, Thomas Carlyle, Ralph Emerson, Charles Dickens' *David Copperfield*, *Uncle Sam's* Cabin, etc.

【二】《尹致昊日記》，第二冊，頁二六；又見頁五四。

【三】如《尹致昊日記》，第二冊，頁三三七。

【四】例如《尹致昊日記》，第二冊，頁一九〇、頁二一七。

【五】一八九三年十月十六日船上《日記》有云：「他們簡直像一群骯髒的豬，多過像一群的人。」同上，頁一九〇。

【六】《尹致昊日記》，第二冊，頁一九〇——一九五；又頁一九七——二〇二，二一三。

和不愛國。」（stingy, selfish and unpatriotic）【一】徐氏的西學浸淫比尹氏要深，他在甲申政變後即赴美國留學，在紐約哥倫比亞大學唸醫科，畢業後留在美國，但以後對世紀末朝鮮改革運動一直起着重要的推動作用。【二】明顯地尹氏想特別表示出他比徐載弼有較強烈的愛國心，不恥徐氏留美定居和工作的決定。但是尹致昊對於朝鮮當時執政的保守政府卻又滿腔憤懣，初時期望它能夠獨立自主，不屈從於清朝中國，前數年流亡國外，然對於家國，仍心實繫之。但到了一八九一年時他對國家自立的追求卻已經有些意興闌珊，說：「現在我已不再關心國家獨立不獨立，只要政權維持不變，就什麼都不用談。」【三】話雖如此，但在其以英文書寫的日記中，每年年初他都在公曆之後加上朝鮮李朝開國及當今皇帝紀年，如「一八九二，即開國五〇一年，高宗二十九年」，【四】表示其不忘故國之心。而對於其他保守的朝鮮人的批評，則主要是因為他們受中國傳統儒家文化的影響，故此無論生活、習慣或思想，都因循守舊，不曉變通，陷於僵化衰弱之境地。

顯然，尹氏視為洪水猛獸的，與西學格格不入的及阻礙維新進步的，是東方儒家文化。他在《日記》中多次對儒家提出尖銳的批判，以為東亞貧窮落後之源實基於此。

作為朝鮮貴冑，出身兩班家庭，尹致昊自幼即讀漢文及儒家經典，但以後對儒家也批評最多，韋爾思的解釋是他需要為自己改信西方基督教作出辯解，故強調儒學沒有超越性及宗教精神。【五】其實，在尹氏還未信基督教之前已經對儒家文化屢有批評，不是自接受新信仰始。他的主要理據，似乎還在僵化社會和阻礙改革方面，而非宗教方面的關懷。他認為中國在千餘年儒家文化影響之下，國家完全沒有進步，大大落後於西方基督教國家。【六】尹氏對於儒家的重視禮儀尊卑，特別是對孝順的強調，可以說深痛惡絕。他認為儒家的孝道實際上在助長及掩飾「一連串的罪惡」（covering a host of sins），也令到朝鮮人尤其是女性趨向順服和軟弱。【七】在這一點上，尹致昊跟他的日本啟蒙老師中村正直意見分歧。中村也是個接受基督教信仰的日本維新分子，於一八七四年受洗入教，同時他也是個自幼即受到儒學薰陶的知識分子，壯年才轉向西學。但中村在接受基督教後並沒有放棄

【一】《尹致昊日記》，第二冊，頁一四九。

【二】蔡茂松：《韓國近世思想文化史》（台北：東大圖書公司，一九九五），頁五六八。

【三】《尹致昊日記》，第二冊，頁一五八。

【四】同上書，頁二六〇。

【五】Kenneth Wells, *New God, New Nation*, p.53.

【六】《尹致昊日記》，第二冊，頁四三九。

【七】同上書，頁五三—五四。

儒家價值，甚至認為最好能做到「上帝之道」及「聖賢信仰」兩者得兼。【一】以中國近代對儒家文化的態度作比較，尹氏態度屬於「五四」時西化派的「打倒孔家店」的類型，而中村則與吳雷川以降的儒者基督徒路線相合。

不過，至少尹氏留學美國的經驗使他認識到基督教雖然有一套很好的倫理和超越的精神，社會也因之而得着發展及進步，但還是解除不了種族歧視、貧富懸殊等社會問題。換言之，在他來說，基督教文化是進步而可取、值得效法的，但西方社會，甚至基督教氣氛極重的美南社會，也不是人間天堂。甚至他自己也有多次不愉快的經驗，例如日記中有一次他提及其恩師馮昌黎教授的女兒（Miss Lilian Bonnell）對有色人種（包括黑人和亞洲人）也抱着歧視的態度，她對尹氏的冷漠態度使他有強烈的被羞辱的感覺。【二】這種體驗加強了尹氏後來離美返回東方的決心。

五、近代亞洲基督教知識分子的掙扎與安頓：一個比較研究的提出

從尹致昊和中村正直對儒家思想不同的態度和不同的處理方法，我們可以窺見同在儒

家文化影響之下的同時期的亞洲基督徒知識分子，對東西文化和基督教信仰的認知及闡釋，也都各有不同。本文只以朝鮮基督徒尹致昊作為開端，進一步的工作是檢視同時期亞洲儒家文化圈各地基督教知識分子面對的相同問題，這些人包括近代中國的顏擁經、黃乃裳和鄺富灼，新加坡的林文慶、宋旺相，爪哇出生的李登輝，以及日本的內村鑑三、越南的潘周楨（天主教）等。只有在比較彼等對基督教及本身文化，尤其是儒家文化的認識之後，我們才可以進一步考察所謂「亞洲基督教」的問題，以及探討其內在的分歧和矛盾。

原文發表於新加坡南洋理工大學主辦之「國家疆界與文化想像」學術研討會（二〇〇四年六月）

【一】王家驊：《儒家思想與日本的現代化》，頁七二。

【二】《尹致昊日記》，第二冊，頁三八一—三八二。

參考書目：

尹致昊：《尹致昊日記》全五冊，漢城：韓國國史編纂委員會，一九七一—一九七六年。

尹致昊：《尹致昊書瀚集》，漢城：韓國國史編纂委員會，一九八〇年。

姜萬吉著，賀劍城、周四川、楊永騮、劉渤譯：《韓國近代史》，北京：東方出版社，一九九三年。

魚允中：《魚允中全集》，收入張存武編：《近代中韓關係史資料彙編》第十一冊，頁五五—一七八。

柳永烈：《開化時期的尹致昊研究》，漢城：韓吉社，一九八五年。

王家驊：《儒家思想與日本的現代化》，杭州：浙江人民出版社，一九九五年。

梁元生：《林樂知在華事業與萬國公報》，香港：香港中文大學出版社，一九七八年。

姚民權：《上海基督教史》，上海：上海市基督教三自愛國運動委員會出版社，一九九四年。

蔡茂松：《韓國近世思想文化史》，台北：東大圖書公司，一九九五年。

Kenneth M. Wells, *New God, New Nation: Protestants and Self-Reconstruction Nationalism in Korea, 1896-1937*. Honolulu, HA: University of Hawaii Press, 1990.

Kenneth M. Wells, "Yun Ch'i-ho and the Quest for National Integrity", *Korea Journal* 22:1 (January, 1982).

George L. Paik, *The History of Protestant Missions in Korea, 1832-1910*. Seoul: Yonsei University Reprints, 1971.

二樓與三樓之間：林文慶與怡和軒

一、引言：「上去下來」的「之間人」

林文慶是個「之間人」。他的整個人生，生活在中西文化之間；他的思想，遊走於中西文化之間；他的信仰和價值，來自儒家和基督教兩個淵源，也同樣處於兩個文化之間。在本書的前言中，我引過自己早前寫過的一篇有關「之間人」的文章，其文如下：

近來讀傅偉動教授主編的一系列「當代學人學思歷程叢書」。傅教授邀請了當代十五位傑出學者如余英時、林郁生、杜維明、張灝、湯一介、樂黛雲和嚴家其等，把他們的治學經歷和人生體會，以自傳的形式表達出來。目前已經出版的傳記有近十種，我所看過的有：劉述先著《傳統與現代的探索》、李歐梵的《在現代與後現代之間》、傅偉動的《生命的學問與學問之生命》、湯一介著《在非有非無之間》及樂黛雲的《我就是我》。……

籠統地說，這些當代學人的一個共同特徵是：「之間」的生命。無論是在傳統與現代之間不斷探索的劉述先，或者是在現代與後現代之間徘徊的李歐梵，抑或在非有與非無之間生活的湯一介，都可算是連接兩端、東西兼顧、跨越時代的「之間」人。

這些學人的成就，在一定程度上是善於融貫、兩邊攝取的本領和能力的反映。「中間」與「之間」似乎有一個很大的區分；「中間」只有一線、但「之間」有許許多多的線。「中間」會有一元化的傾向，而「之間」則一定是多元的選擇。……許多當代學人的成功，在於其為「之間人」，而不一定是「中間人」。【一】

正由於有這樣的感受，使我對林文慶的思想和際遇就特別感到興趣和關心，而在我看來，對林文慶最貼切的描寫，應該是這樣的：林文慶是在怡和軒的「三樓」和「二樓」之間「上去下來」的「之間人」！

怎麼說呢？原來有這麼一段故事，一段和新加坡著名華人領袖陳嘉庚有關的故事。

在這以前，有學者用林文慶代表新學和西化，而以陳嘉庚代表中國傳統文化。在他轉到儒學之後，又有學者認為他從西方回歸中國，從此是個儒教主義者，而不再談論西學了，就像辜鴻銘那樣。我以為這樣的區分過於簡單化了。事實上，陳嘉庚和林文慶兩人俱有其創新和保守的一面。陳嘉庚的生活形態和許多價值觀念，當然深受中國傳統所影響，

【一】梁元生：《施榆集》（香港：香江出版公司，一九九六），頁一三四—一三五。

但是也不乏創新的一面。可以這樣說：陳氏是個植根傳統，又尊重傳統、繼承傳統的人，但也是個不囿於傳統，又敢於打破傳統的人。而林文慶雖則出身英校，又放洋留學，而且學的是西方科學和醫術，不過由於他早年也受過傳統中國文化的薰陶和培育，所以最終才會返歸儒學。總之，萬事皆有因緣，文化的浸濡和影響，許多時候是可以追溯到早年的歲月和環境的。

這個故事來自陳維龍先生所說的關於怡和軒的一段軼事。怡和軒是陳嘉庚在新加坡建立的一個俱樂部，提供給新加坡華人領袖及活躍分子一處聚會和閒娛的地方。怡和軒坐落在華人聚居的牛車水，樓高三層。陳維龍回憶他早年（一九一四）隨父親到怡和軒的時候，這樣說：「那時（怡和軒）的房屋有三層……一般受中文教育或從中國南來的如林推遷、陳嘉庚、陳楚楠、蔡嘉種、陳延謙、李俊承等多在二樓聚會，而受英文教育或生長在南洋的，如薛中華、李俊源、林秉祥、張永福、林文慶、林義順等則常在三樓玩，但那亦不是固定的，有時興之所至，三樓的忽跑下二樓，二樓的忽跑上三樓。」【一】

陳嘉庚、林文慶的文化身份，並不是簡單地以陳代表中國文化及以林代表西方文化就可以解析得透切的。他們的出身背景和早年教育，的確有不同的偏向，但並沒有造成不能逾越的鴻溝或界線。明顯地，二人都有橫跨與攝取的經驗。不過，在我看來，陳嘉庚、林文慶跨越中西文化和促成雙方互動的經驗，是個在怡和軒「上去下來」的經驗。三樓和二樓的人溝通多了，就沒有隔閡，成為合作伙伴，像陳嘉庚和林文慶共建廈門大學，又或像張永福和陳楚楠那樣，成為親密戰友、革命同志。上去，下來，中西文化並不相拒，也不相詆，並且可以互相配合，共融共建。這是我寫本文的中心思想。

二、三樓上的林文慶：西學，醫學與基督教

前面一段說到怡和軒的故事，內中提到三樓和二樓的分別。常在三樓留連者是生長於南洋和受英文教育的新加坡華人，如薛中華、李俊源、林秉祥、張永福、林文慶和林義順等；而常在二樓的則是受中文教育或從中國南來的，如林推遷、陳嘉庚、陳楚楠、蔡嘉種、陳延謙、李俊承等人。

林文慶常常來怡和軒，並且在三樓停留。換言之，林文慶是個受西方教育的新加坡華

【一】柯木林、林孝勝：《新華歷史與人物研究》（新加坡：南洋學會，一九八六），頁八一。

人。以下讓我們看看林氏的西方教育背景。

林文慶的祖父林瑪彭，來自中國福建海澄，一八三九年南來至馬來亞檳榔嶼謀生，後改遷新加坡，林瑪彭娶當地土著女人（即娘惹，Nonya）為妻，生獨子林天堯。林瑪彭在新加坡幫助富商章芳琳管理酒稅承包業務，兒子送往英校萊佛士學院（Raffles Institution）讀書，由此可見林家對教育的傾向，從父親開始已經是選擇了英文教育，明顯地對中國傳統文化的追求和負擔都是不大的。其後天堯也加入章家經營的生意，做鴉片承包業務。林天堯也娶馬六甲之娘惹為妻，生下五男四女，後來妻死，再娶小姨為妻，多生了三個女兒，可惜自己不幸，因一次刮鬍子而中毒早夭，遺下一家沉重的擔子，由父親林瑪彭獨力擔負。【二】

一八六九年，林文慶出生於英國殖民地政府統治下的新加坡，是第二代的海峽土生華人，家中環境融合了中國福建傳統文化以及土生華人文化中濃厚的馬來色彩。林家所有的女人（包括他的祖母，母親和七個妹妹）都作「娘惹」打扮，顯示出其家庭文化氛圍的複雜性和變異性。

至於林文慶個人的教育，早年也有一點混雜的影子。據說幼年時曾經在福建會館附設的書塾讀書，背誦傳統中國的四書五經，但不久即進入英校就讀，並於一八七九年升入萊佛士學院。萊佛士學院這所著名學校的訓練，可以說是殖民地精英教育的代表。校長及大部分的教師都是英國人，課程用英語講授，目的是培養本地青年作為殖民地政府的幫助者和支持者。

林文慶在萊佛士學院讀書，成績優異，並且深得校長胡烈特（R.W. Hullett）的欣賞，鼓勵他畢業後繼續深造。於是，林文慶在一八八七年考取了英女皇獎學金，前往英國愛丁堡大學攻讀醫學，是新加坡第一位英女皇獎學金的華人得主。林文慶在英國留學六年，一八九三年學成還鄉，成為西醫執業者，並且在新加坡社會中積極推動西方式的改革運動。例如對公眾事務，特別是公共衛生的關注。由於他長於英語演説，而且和殖民地當局官員熟悉，故此深受政府推許，在一八九五年委任為立法局委員，參與政治及社會事務，其時林氏只有二十四歲。一八九七年他又榮獲殖民地政府授予太平紳士職銜，多年來在新加坡市政局及華人參事局服務，而林氏本人也以英籍華人自居，向英國輸誠效忠。一九〇〇年他組織英籍海峽華人公會（Straits Chinese British Association），一九〇一年成立華

【一】 李元瑾：《林文慶的思想：中西文化的匯流與矛盾》（新加坡：亞洲研究學會，一九九〇），頁四三。

人義勇軍，以及一九〇二年前往英國參加英皇愛德華七世的加冕典禮，都證明了林氏效忠英國的心態。【一】

這個時候的林文慶，嘗高聲讚譽英皇說：「我們，女皇陛下的華族子民，蒙受特殊恩惠，分享英國人所有的權益。……在陛下這擁有三十萬華人的海峽殖民地上，其繁榮、和平與舒適，是南中國海任何地區都望塵莫及的。」【二】

簡言之，十九世紀時期的林文慶，即三十歲之前的林文慶，其學業、思想、政治忠誠，乃至生活形態，凡此種種，都深深受着英文教育及西方文化影響。

毫無疑問，林文慶服膺西方文化，是受了其在新加坡的英校教育影響的，尤其是對西方科學、理性和醫學，都一力推崇。他的學醫，亦為其追求「西學」之一明證。然而，在科學之外，究竟他受到基督教的影響有多少，則是一項頗具爭議性的課題。如果根據新加坡學者《林文慶傳》作者Khor Eng Hee的解釋，林氏應該很早就認識基督教，而且是個基督教徒。她的根據是林文慶好友及姻戚伍連德醫生所說的話。【三】據伍氏言，林氏是一位基督徒。此外，顏清湟在他的研究中，也提及林文慶在蘇格蘭留學時曾經接受洗禮。【四】也有學者認為林文慶的第一任妻子黃端瓊既然是一位極為虔誠的基督徒，岳父黃乃裳也是福州美以美會的傳道，根據會規和習慣，黃家對林文慶至少有參加教會及成為慕道友的要求，就如同屬一個宗派的宋家對要娶宋美齡為妻的蔣介石也有相同的要求一樣。一八九六年林文慶和黃端瓊在新加坡烏節路長老會結婚，當時會規也需要兩人同為基督徒才可結合。李元瑾則持不同的意見，她認為林文慶在英國受洗之說並無證據，並舉伍連德為例以說明在教堂結婚也不能證明是基督徒。我認為林文慶在這段時期至少是個表面的基督徒，他對基督教義表示興趣，也許也會是常參加聚會，但或許不曾正式受洗入教。至於在其內心深處，或在內心信仰上是否真正相信，以及是否是一名虔誠的教徒，這裡難作判斷。但我相信，在黃家及時人眼中，林氏一定是個與基督教很有淵源及常常和教會來往的人物。

總的而言，林文慶在青年到成年時期，毫無疑問是傾向於西學的。而在西學之中，又最服膺科學和醫學。對於傳統文化和社會價值，他也從西方學到不少改革與進步的想法，

【一】 李元瑾：《林文慶的思想：中西文化的匯流與矛盾》，頁五一。

【二】 李元瑾：《東西文化的衝擊與新華知識分子的三種回應》（新加坡：新加坡國立大學中文系及八方文化企業公司，二〇〇一），頁三七。

【三】 Khor Eng Hee著，陳育崧、李業霖譯：《林文慶傳》，收入《林文慶博士誕生百年紀念刊》（新加坡：s.n., 1969）。

【四】 顏清煌著，李恩涵譯：《星馬華人與辛亥革命》（台北：聯經出版事業公司，一九八二），頁九九。

尤其是在社會改革和教育改革方面，例如他主張禁止鴉片、成立戒煙所，以及提倡剪辮等。【二】

正因上述種種，十九世紀末的新加坡華人社會多數人視林文慶為一位深受西方文化影響的知識分子，而非一位對中國傳統文化有着高深認識和素養的人。就算到了怡和軒的時代，即是二十世紀初葉第一次世界大戰之前，新華社會大部分人都把他看成西學派的英校精英，即是陳維龍所描述的怡和軒三樓的海峽華人。這些英校畢業的海峽華人如薛中華、李俊源、林秉祥、張永福和林義順等，常在怡和軒三樓出入，成為林文慶的同志和夥伴。

三、下來二樓的林文慶：推崇儒家與回歸國學

林文慶在廈門大學當校長期間，最為人談論得多的是兩件事情。一是他和魯迅的爭執，二是他主張成立國學研究院。兩件事都與他推崇儒學有密切的關連。

林文慶從哪個時候開始對傳統中華文化發生興趣呢？又為什麼特別鍾情於儒學？這並非是回到中國當廈門大學校長之後的事。追溯起來，在他剛回到新加坡時已見其端倪。甚至有學者認為他的轉向中國文化，大概在留學英國時期已經開始。林氏在英國六

年，適值英國社會中自由主義和各種改革思潮相繼湧現，使林氏對追求革新、進步、自由、平等之思想，自然地有嚮往與憧憬。不過，也正由於他身在英國，才會遇到其他來自香港或中國大陸的同胞和友人，也才會受到文化回歸的衝擊。我們對他在英國的生活所知不多，但曉得他在此時期開始努力學習華文華語，同時對中國文化表示興趣。【二】李元瑾說：「（林文慶）原本就是一個敏感的青少年。當他在中國同學面前不諳華語，不能為講師翻譯中文習卷時，內心大受刺激，便立志掌握中華語言和文化；當他在倫敦看到中國人受到白種人的侮辱時，義憤填膺，立即挺身而出向英人抗議。」【三】然而，我們沒有足夠的事例，可以印證林氏在英國的文化轉向。而其對儒學的尋求，則明顯是一八九三年五月回到新加坡之後的事。

在一八九三年至一八九九年間，林文慶在新加坡的工作和活動，主要是行醫、協助政府、參與社會改革、組織學會、振興教育、發表演說，以一個公共知識分子的形象出現。

【一】李元瑾：《東西文化的衝擊與新華知識分子的三種回應》，頁七〇—七二。
【二】同上書，頁二七。
【三】李元瑾：《林文慶的思想：中西文化的匯流與矛盾》，頁四五。

在許多人士眼中，這時期的林氏是個先進的留英派，他善用英語，受到殖民官員敬重，朋輩中多是受英文教育的海峽華人，如宋旺相、薛有禮等。他們於一八九六年共同組織「華人好學會」（Chinese Philomathic Society），翌年創辦〈海峽華人雜誌〉（*Straits Chinese Magazine*），都是以英語溝通的海峽僑生群體。然而，根據李元瑾的研究，林文慶最早提出崇儒之論，可能在一八九四年或一八九五年之時。特別在他一八九五年發表的一篇演說中，明顯地表示「重視孟子的教義」。【一】但這些年間他發表的有關孔孟學說的文章和演說並不多，到了一八九九年在《日新報》發表過〈論儒教〉一文後，則討論儒學的文章明顯地增加了。換言之，他應該是在十九世紀九十年代中期開始對儒家思想發生興趣，並且學習和研究，到一八九八年至一八九九年才開始大力推動的。以年代發展推論，他的轉向儒學，大概與兩個人有關：一是他的岳父黃乃裳，是個由中國南來的基督徒，但國學造詣極佳，曾經中過舉人。九十年代初由中國南來新加坡，辦過一份華文日報《星報》，推動維新思想，對林頗有影響，林氏並且娶黃乃裳女兒端瓊為妻，成為黃家快婿。【二】另外一人是他的好友邱菽園。邱菽園是新加坡富商，但喜歡傳統中國學問，如詩詞歌賦及儒家經典，自己也喜歡舞文弄墨，猶其喜歡交結中國文人，時常捐資在家鄉興學，又資助文人學者南來訪問。九十年代時他極為傾慕康有為等儒家的改革派人物，在南洋地區互為呼應，大力推動儒學。林文慶與邱叔園為好朋友，受他影響很大。由於來往頻密，故此林氏追求認識儒學，必以邱氏為導師。而一八九九年起，兩人合力在新加坡及馬來半島一帶推動儒家思想，引起很大的迴響。有學者名之曰「星馬之儒教復興運動」。【三】

林文慶的回歸儒學，先從思想傳播開始，再落實到社會和教育的實際推行層面。怎麼說呢？他在傳播「思想」方面最大的貢獻是透過英文作為傳播媒介的，而不需靠賴華文學校作為推動儒學的工具。這是林文慶在星馬推動儒學的一項特色，也是中國儒學走進西方文化的一種嘗試。雖然對他自己來說，用英文推行儒學之同時，也開始努力學習華文華語，為將來會到中國任事打下了基礎。

在一八九九年到一九〇二年這幾年間，林文慶主要是用英文文章及以英語演說來宣揚儒家思想的。這些文章主要在《海峽華人雜誌》中發表，對象是南洋地區的海峽華人和受

【一】李元瑾：《東西文化的衝擊與新華知識分子的三種回應》，頁九八。

【二】劉子政：《黃乃裳與新福州》（新加坡：南洋學會，一九七九），頁七三—七六。李金強：〈評《黃乃裳傳》〉，載《人文中國學報》一九九五年四月，頁二六二—二六三。

【三】顏清湟：《海外華人史研究》（新加坡：新加坡亞洲研究學會，一九九二），頁二四五—二八二。

英文教育的人。這是其所寫的儒學文章，包括：[二]

1. "Confucian Cosmogony and Theism", *Straits Chinese Magazine*, v.8, no.2, June, 1904.

2. "Confucian View of Human Nature", *Straits Chinese Magazine*, v.8, no.3, September, 1904.

3. "The Basis of Confucian Ethics", *Straits Chinese Magazine*, v.8, no.4, December, 1904.

4. "The Confucian Code of Filial Piety", *Straits Chinese Magazine*, v.9, no.1, March, 1905.

5. "The Confucian Cult", *Straits Chinese Magazine*, v.9, no.2, June, 1905.

6. "The Confucian Ideal", *Straits Chinese Magazine*, v.9, no.3, September, 1905.

7. "The Confucian Doctrine of Brotherly Love", *Straits Chinese Magazine*, v.9, no.4, December, 1905.

8. "The Status of Women Under a Confucian Regime", *Straits Chinese Magazine*, v.10,no.4, December, 1906.

9. "The Confucian Code of Conjugal Harmony", *Straits Chinese Magazine*, v.11, no.1,March, 1907.

10. "The Confucian Ethics of Friendship", *Straits Chinese Magazine*, v.11, no.2, June, 1907.

11. "Confucianism in the Far East", *Transactions of the Straits Philosophical Society*, Singapore, February 10, 1910.

關於林文慶的儒家思想及其對儒學的理解和闡釋，李元瑾言之甚詳，珠玉在前，本文不用多說。但從上面林氏發表的文章之時間而言，可知林文慶對儒家的研究，有相當長的一段日子，並非一時的興趣。我們可以相信林文慶是由衷地推崇儒家思想，認為它有着與時偕行的進步性和普遍性。雖然，在同一時期，他也屢次向英女皇和殖民地政府表達其政治忠誠。換言之，此時期他的文化認同和政治認同是明顯地分別開來的，但因為其海峽華

【一】 李元瑾：《東西文化的衝擊與新華知識分子的三種回應》，頁二三一—二三三。

人和英文教育的背景，這兩種認同並沒有構成內心強大的張力，像其他生長在中國再留學外國的近代知識分子那樣。

一九二一年四月廈門大學成立，林文慶接受陳嘉庚的邀請回中國擔任廈門大學校長，一九二一年六月到任，直至一九三七年日本侵華前夕才離開中國，回到新加坡，共任校長十六年之久。

廈大是由南洋富商陳嘉庚發起創辦的，開辦時的資金主要來自陳嘉庚以及一批南洋華商的資助，其中包括了林文慶。林文慶並非廈大首位校長，在他之前，黃炎培曾經推薦北京政府的教育廳參事鄧萃英給陳嘉庚當廈大校長，但鄧遲遲未能赴任，且因財務問題和陳嘉庚不和，遂辭校長一職。陳乃邀請其新加坡好友林文慶就任。【二】

在擔任廈大校長之前，林文慶在海外及中國已經建立了一定的聲譽和地位，主要是在社會改革及倡導醫學方面。正因如此，一九一九年香港大學也曾授予他榮譽博士學位。他之所以願意出任廈大校長，一方面固然是由於好友陳嘉庚的誠意力邀，另一方面也因為他自己對用科學和文化建設國家和培育青年，有很大的抱負。

然而，在林文慶擔任廈大校長的十六年間，問題很多，學潮不斷，對他的責難和批評也不少，其中爭議最多的是與他的推崇儒學有關。首先是在一九二四年廈大創校三週年時，林文慶以校長身份發表一篇「尊孔」的演說，受到員生的攻擊。部分師生認為林校長不懂時宜，思想迂腐，是個守舊的人，不適合帶領學校走進新的時代。因此他們發動風潮，要迫使林文慶下台。這個風潮和「五四」運動息息相關，與林氏之提倡傳統文化和儒學，正好背道而馳。但林文慶並無意退避，反徵得創辦人陳嘉庚的同意，大力提倡國學。這便是一九二五年廈大成立國學院的由來。為籌組國學院，林文慶請來魯迅、林語堂、顧頡剛、孫伏園及沈兼士等著名教授，其中不乏國學大師，來到廈大任教。他自己擔任國學院院長，而以沈兼士為研究院主任，林語堂為秘書。但國學院的成立，及隨之而來的爭議及討論，也引發了教員間的辯論和爭執，特別是那場魯迅與林文慶間的爭論。接着而來的便是第二次的學潮，並最終導致魯迅和一批員生的離開。【二】

林文慶對廈大有一定的貢獻，由一九二一年廈大草創到一九三七年轉成國立，是廈大早期歷史的奠基人。至於他的捐資奉獻，不拿薪水，以及為廈大往來奔走、籌募款項，

【一】葉鐘鈴：〈新馬華人對廈大的經濟支援〉，收入李元瑾編：《南大學人》（新加坡：南洋理工大學，二〇〇一），頁一九一——二三〇。

【二】桑兵：〈廈門大學國學院風波〉，收入《近代史研究》二〇〇〇年第五期，頁七一——九四。

和對陳嘉庚的承諾等等，皆可見其操守、風骨之一斑。而且他在其所學和所善之範疇中，即醫療衛生及行醫斷症方面，表現突出，廈大在他領導之下成立公共醫院，對本地造福良多，他親自診治病人，並將診金撥充廈大經費。【二】雖然林文慶處處為廈大奔走出力，又為學校募款開源，但其聲譽往往因他的「文化二分性格」——一方面推動儒學與國學，另一方面則以西學（醫學）和英語為人所重視——所形成的弔詭而受到相當負面的影響。

四、反思林文慶：重回怡和軒

在這篇文章中，我一再提及新加坡的怡和軒，因為我相信只有在怡和軒的處境下去認識林文慶，才能夠明白他的文化轉向以及他的「文化二分性格」。

讓我先多說幾句關於怡和軒的背景。怡和軒是戰前新加坡華人設立的一個會所，會員都是新華社會中的名人，最著名者當然是一直擔任怡和軒俱樂部主席的陳嘉庚。由於它創立時期的資料不全，故此許多人皆認定陳氏即為其創辦人。估計它的創辦年日約於一八九五年左右，而據陳嘉庚自述，怡和軒之創設者，有林義順及其他七人。但此說已為楊進發所推翻。而任怡和軒秘書多年的林雲則認為創立人應為林和坂（林秉祥之父）。【二】人言人殊，但知其與另外一間名為吾廬俱樂部的會所，同為新華社會領導層經常聚會的場所。

我在本文前面已經說過，怡和軒有為受英校教育的海峽僑生而設的空間——三樓。這批英校生受過西方文化的教育，以英語為溝通的媒介。但怡和軒也有重視傳統中國文化和移民背景的一批人，他們以華語或家鄉話溝通，重視保持華人傳統，時時懷抱着鄉梓之情。在怡和軒內，他們也有他們自己的空間，就是二樓。

我想在這裡首先要提出的，就是「怡和軒」作為中西文化交流的一個處境。一般而言，我們會把中國文化作為一個處境，再把西方文化看作另外一個處境。而這兩個孕育和發展其自有文化的環境都有不同，而且相隔很遠，甚至形成互為對立的局面。正因如此，我們要討論交流時，首要的任務是把雙方隔開的差距縮短。怡和軒給我們提供了一個已經縮短了的距離！即是說，在怡和軒所營造的文化氛圍下，中西文化的交流是比較容易的事。

【一】葉鐘鈴：〈新馬華人對廈大的經濟支援〉，收入李元瑾編：《南大學人》，頁一九六。

【二】吳彥鴻：《新加坡風土志》（新加坡：自印本，一九九八），頁五七—五八。

當然，這是許多新加坡華人在建立怡和軒之前已經做下的工作。中西文化交流是個長年累月積澱的工程，不是把怡和軒一建起來就可以一蹴即就的。而在怡和軒所提供的空間中，又有「上去下來」的方便，換言之，就是存在着交流的途徑。兩幫文化背景不同、語言不同的新加坡華人，在軒內相處久了，沒有打架，和平共處，當然還有領導人開放和調協的因素。

就是怡和軒這樣的環境和氛圍，才會造就出陳嘉庚及林文慶間的融合與合作，才會產生在東西兩個文化之間遊走而不徬徨，進出而不覺得困擾的「之間人」。他們活在一個很大的空間裡，不是走在一條狹窄的中間線上，他們有着更大的選擇空間。

五、結語：叩問

我在這篇短文中簡單地把林文慶從其早年注重西學與基督教，到後來轉向儒學與中國文化的過程加以說明和解釋。其中有兩個較為重要的問題，值得大家再深入思考。第一是文化場景。即是怎樣去為深刻而有意義的中西文化交流作良好而合適的準備。這種事前的鋪路工作沒有做好，我們很難期待有文化融合和雙向交流的效果。文中提出了怡和軒作為例證，認為應該先有怡和軒這樣的文化處境和文化氛圍，以及幫助溝通來往——上去下來——的渠道與設施，才會造就一批面向中西和無間東西的學者和社會領袖。第二個問題是「中間人」與「之間人」的分別。前者希望走在中間線上，就把自己的選擇定位在一個非常狹窄的空間，把兩個廣大的文化世界變成競奪、拉扯和充滿張力的世界。反之，後者有很大的空間容許個人和社會去作選擇。林文慶或中或西，不感到焦慮痛苦，只是上去下來而已！

這是怡和軒人，這是新加坡人。但近代的中國知識分子，在中西文化之間選擇，絕大多數都是內心緊張而徬徨的，總是憂讒畏譏，深怕得失國人，像向西方學習就會有背叛祖國文化的感覺。是否中國人才會如此？抑或，正因為中國沒有建立怡和軒這樣的文化場景，沒有為深度的中西文化交流做好準備的工作，沒有提供更多的「上去下來」的溝通渠道和機會？

初稿發表於廈門大學及新加坡南洋理工大學聯合主辦之
林文慶紀念學術研討會（二〇〇六年十一月）

參考書目：

李元瑾：《林文慶的思想：中西文化的匯流與矛盾》。新加坡：亞洲研究學會，一九九〇年。

李元瑾：《東西文化的衝擊與新華知識分子的三種回應》。新加坡：新加坡國立大學中文系及八方文化企業公司，二〇〇一年。

李元瑾：〈新馬儒教運動（一八九四——一九一一）的現代意義〉，李元瑾編：《南大學人》。新加坡：南洋理工大學，二〇〇一年。頁一七一——一九〇。

陳育崧：《椰蔭館文存》。新加坡：南洋學會，一九八五——一九八七年。

陳維龍：《東南亞華裔聞人傳略》。新加坡：南洋學會，一九七七年。

柯木林、林孝勝：《新華歷史與人物研究》。新加坡：南洋學會，一九八六年。

劉子政：《黃乃裳與新福州》。新加坡：南洋學會，一九七九年。

邱新民：《邱菽園生平》。新加坡：勝友書局，一九九三年。

顏清湟：《海外華人史研究》。新加坡：亞洲研究學會，一九九二年。

顏清湟著，李恩涵譯：《星馬華人與辛亥革命》。台北：聯經出版事業公司，一九八二年。
葉鐘鈴：《黃乃裳與南洋華人》。新加坡：亞洲研究學會，一九九五年。
葉鐘鈴：〈新馬華人對廈大的經濟支援〉，載李元瑾編：《南大學人》，新加坡：南洋理工大學，二〇〇一年。頁一九一—二三〇。
吳彥鴻：《新加坡風土志》。新加坡：自印本，一九九八年。
梁元生：《施榆集》。香港：香江出版公司，一九九六年。
劉子政：《黃乃裳與新福州》。新加坡：南洋學會，一九七九年。
李金強：〈評《黃乃裳傳》〉。載《人文中國學報》，一九九五年四月。
桑兵：〈廈門大學國學院風波〉，收入《近代史研究》，二〇〇〇年第五期，頁七一—九四。

祖國與南洋之間：陳嘉庚的生命情調

——陳嘉庚先生一百三十週年誕辰紀念

一、引言：追尋陳嘉庚的兩條路徑

對於東南亞華人來説，陳嘉庚是個耳熟能詳的名字，他的一生事蹟眾所周知。然而，在香港我許多的學生都説不知道他的故事。在陳嘉庚誕生一百三十週年時，我應該説些什麼呢？為了紀念一個偉人的奉獻的一生，我們應該做些什麼呢？

至少我們能夠做到的，是重新認識他的人格和肯定他的貢獻。

為了重新認識陳嘉庚和重新解讀陳嘉庚，這兩個多月來，我再次展開有關的書籍，又一次閱讀楊進發、林孝勝……重新翻開王賡武、陳碧笙……楊進發一九九〇年在牛津大學出版社出版了*Tan Kah Kee: The Making of an Overseas Chinese Legend*（陳嘉庚——一個海外華人傳奇的形成）一書，對陳嘉庚一生的經歷，都有詳細的介紹和討論；在這以前，楊博士又編著過《戰前的陳嘉庚言論與分析》（新加坡：南洋學會，一九七七）一書，對探討陳氏戰前的政治和社會思想很有幫助。前新加坡歷史博物館林孝勝館長在其《新加坡華社與華商》（新加坡：亞洲研究學會，一九九五）書內，對陳氏的企業王國和社會關係也有非常精細的分析，林氏對陳嘉庚先生主理的怡和軒俱樂部也有過深入的研究；至於王賡武教授，更是海外華人歷史的權威，多次演講及多篇文章都有論到陳嘉庚；而陳碧笙則可以說是中國大陸陳嘉庚研究的代表，他和陳國禎寫過《陳嘉庚傳》（福州：新華書店，一九八三），又和陳毅明合著《陳嘉庚年譜》（福州：新華書店，一九八六），於陳氏一生事蹟，考究甚詳。重溫這些書籍以及閱讀其他有關文獻資料，是重新接觸陳嘉庚和重新解讀陳嘉庚的一條路徑。然而，讀其書想見其為人，書本的知識竟與心靈的鼓蕩息息相連，此則是我讀其他書籍時所沒有的。正是：風簷展書讀，古道照顏色。浩然有正氣，凜冽萬古存！無論我走到哪裡，在風簷日影之下，又或者在書桌的燈光映照之中，我看到那個巨人的身影，從書頁間冉冉升起，縈繞視際。到後來眼睛離開了陳嘉庚的專著，只要是翻閱任何一本中國近代史，或者是任何一本近代海外華人歷史，也同樣可以看到書頁之間充滿了這巨人的身影，以及感受到他生命中那股沛然天地間、凜冽萬古存的浩然正氣。讓我再一次強調：這「非一般」的讀書經驗，是我閱讀其他書籍和傳記時所沒有的。

除了書本以外，為了重新接觸和重新解讀陳嘉庚，我還匆匆地到過陳氏的家鄉集美和廈門，在陳氏的陵墓鰲園裡流連片刻，對像憑弔，以靈神與作古的人契通，以求問的態度和活着的人交流；另外，我又在一個短短的週末，重訪新加坡，到牛車水，逛吉寧街，訪翠蘭亭，探怡和軒。陳嘉庚八十多年的人生中，到過的地方很多，走遍中國大陸上的東南西北，在東南亞許多地方也留下他的腳蹤。然而，廈門、星島這兩個城市、兩處地方，卻是陳嘉庚先生生活之所在、事業之基本、心靈之所繫，其生命的滲透力在這兩地是既深且廣的。兩次旅行，訪風問俗，為的是要感受陳嘉庚的影響，體會陳嘉庚的精神。

我叫這種認識的方法做「兩疊法」，一方面是翻閱書本和資料，盡可能地作客觀和實證的知性的（empirical）分析，另一方面切身處地去觀察、感受和體會，是一種經驗性的（experiential）了解。換言之，希望藉這種歷史學和人類學結合的兩疊進路，可以為重新解讀陳嘉庚，帶來一些新鮮的亮光和啟發。

二、眾人典範與多元面相

無可置疑，陳嘉庚是海外華人的典範。但我們不能用空洞的口號叫「光昭日月」、「精神不死」、「典範長存」。越是「空洞化」、「擬神化」及「英雄化」的結果，就越是使這位歷史人物離開活在現實的我們越遠；若是要其精神存在於我們的生活中間，那麼，我們就要盡量地避免「標籤效應」和「空洞概括」，而應該從陳嘉庚實在的生活言行，特別是生活上的細節和小事上去認識他和了解他，有了這樣的認識，其精神和價值觀念才有機會轉化到現實生活，才有機會為當代的人應用。

重新解讀陳嘉庚，首先碰到的問題是：多元的面相、紛紜的臉孔。若不把政治影響下的黨派史家的描述算進去，其他不同的傳記及著述也會把陳嘉庚描繪成不同面貌的人，或者把焦點集中於陳嘉庚所做的某一些事情上，如教育家陳嘉庚、企業家陳嘉庚、抗日領袖陳嘉庚、愛國華僑陳嘉庚、毀家興學陳嘉庚、橡膠大王陳嘉庚，等等。由於他具有多元的面相，傳記或著述又每有所偏，故而陳氏的整體人格卻不易凸顯。而其多重角色之間的聯繫，不同時期的心理過渡，以及多元面相之間的配合與統一，則更少為人理會，仍有可供學者分析的餘地。至於實際生活中的陳嘉庚，如何處理小節，如何面對自己，如何作出兩難之間的選取與抉擇，凡此種種，則更少為人研究。今天我想在這裡做的，就是以一些小事和生活細節為例，重新看看陳嘉庚處事待人的態度，以及關心桑梓、愛護國族、公而忘私的精神。

但是，首先我得要強調一點：上面所說到的不同面貌的陳嘉庚——教育家、企業家、愛國華僑、抗日領袖、宗親領袖、新華領袖，可以說都是陳氏真實臉譜的一面。這並非「變臉」，也不是一張張的「假面」。只不過，許多時我們譜繪臉面的時候是從其人的成功處着眼，或是聚焦於其輝煌的事業，或是注目於其政治的建樹，又或是看重其社會的功績和地位。「成者為王，敗者為寇」，這一直是坊間看人和量度人物的標準，也常反映在傳記著作甚至學術研究裡。如果用陳嘉庚自己的眼光看問題、看人生，標準可能會不一樣。讓我只舉一個例子。大家都知道陳嘉庚在抗戰之後寫過一本自傳，叫做《南僑回憶錄》，內中記載了不少陳氏親身參與的政治事務、教育工作和商業發展，種種的事蹟和經歷，常常為學者參考引用。但各位記得不記得：在《南僑回憶錄》的開首部分，陳嘉庚寫些什麼？記些什麼？是國家大事麼？是經濟大事麼？是教育麼？是政治麼？都不是！大家打開《南僑回憶錄》，陳氏所記的卷首五事，都和他的輝煌事業、政治關係及教育建樹毫不相關。他在開卷所記之事，可以說是他生命中毫不起眼的小事。那就是：登報尋找治病的藥方，並把它們編印成書，免費分送，嘉惠鄉里。但是在這件投資不大、看來不難的小事上，陳氏竟然屢受挫折。首先是印書的日本橫濱中華會館不負責任，印書不成；然後醫療驗方終於是由上海世界書局印出來了，但二萬冊分贈之後，方才發覺驗方之中部分藥材的分量有錯，把二錢印作二兩。陳氏記云：「事關人命，抱憾無已。雖欲收回，然分散各處，無法辦到。」戰後陳氏仍然存着自印醫書的願望，可惜至終未能遂願。這就是《南僑回憶錄》開頭五段所記的軼事。

這個成功的人物，在回顧自己大半生的功業之時，卻是從失敗和失望之處說起。他不多談與領袖名人之交往，不先講商場上的輝煌業績，不強調自己在教育上的成就和貢獻，在《回憶錄》的開頭，就檢驗自己的錯失，表示自己的遺憾。而這錯失與遺憾，也非本身所造成；他為鄉里、為公眾想做一點好事和公益，竟然事多阻滯，事與願違，在他而言，卻是個極大的失望和失敗。其時陳嘉庚已經歷過人生中多少風浪，取得過多少成功和讚譽，但一直以未能把這件小事做好，耿耿於懷。這是個「大成若缺」的人生，正與「擬神化」和「英雄化」的趨向背道而馳。為什麼陳嘉庚把這件小事看得如斯重要呢？原來還有一段故事，大家讀到《南僑回憶錄》的末後數頁，便知端倪。原來他在四十多歲正當盛年時「染胃病，延及盲腸……診治無效，閱〈驗方新編〉……照方採服，立見功效」【一】。得人恩典千年記，陳氏以後總不忘不棄地要把《驗方新編》印書分發，乃因自己受過此醫書的恩惠。這種由受到施的回饋精神的放大，就是整個陳嘉庚人生的寫照。

我在這裡不擬重複太多眾所周知的故事，作為歷史上的巨人，陳氏的奮鬥經驗、企業經營，以及他的社會功績和教育建設，已經為人熟知，不用重複多敘。我想在這裡嘗試做的，是從當今海外華人的角度，回看陳嘉庚。今日海外華人，面對着文化的、社會的、經濟的，甚至是國家和民族的各種課題，之間作怎樣的取捨與選擇？有些是陳嘉庚時代就面

【一】《驗方新編》，頁三八九—三九〇。

對過的，也有些是當年不太明顯而今天變成主要問題的。陳氏當時碰到的困擾，如國共之爭及抗日運動，雖然傳記及書本用了大量篇幅記述和分析，但對今日海外華人，已非最為首要的課題；我們面對的是另外的一些挑戰，也另有一些不同的關切。我想以這些當代的議題與當代的關懷，叩問陳嘉庚，然後以他的經驗回應我們的問題。當然，陳先生不在我們當中了，不能口述回答，但我們仍然可以從他的傳記和回憶錄裡，找到部分答案或者得着一些啟示。

三、陳嘉庚與當代華人

當代的華人面對着怎樣的挑戰？有哪些關心的議題？王賡武教授在他的大著《中國與海外華人》（*China and Overseas Chinese*）書中的第二部分專門以「當代的論題」為重點作出討論，他所談到的為當代海外華人關心的課題包括：（一）華商文化，（二）身份認同，（三）與中國的關係，（四）教育和文化，（五）「外華」（External China）問題等等。王教授對這些當代議題作了相當深入的分析，但其討論不是以陳嘉庚為中心展開的。以下我把這些問題及一些當代華人關心的課題，概括地分作三個子題，藉此來叩問歷史上的陳嘉庚，希望從中得到啟發。

（二）原鄉與他鄉

許多人說：華人和猶太人一樣，鄉土情重，祖國情深。中國人移民四海，但「原鄉」的觀念根深蒂固，不因出國時日久，不因家鄉苦難多，總是牽扯記掛，常萌歸念，堪稱名符其實的「原鄉人」。在移居地生活有年，入籍歸化，仍不脫旅寓之心態，總抱着落葉歸根的情懷。而「原鄉」的呼喚，又總在海外華人中間，來得綿遠流長，隔代不絕。「尋根」、「認祖」，屢見不鮮。聽到那「黑頭髮黑眼睛黃皮膚，永永遠遠是龍的傳人」的歌聲時，就不期然心底有一種鼓動的感覺。

說到頭髮和原鄉，讓我想起倪匡寫衛斯理和白素的一則故事。那故事就叫《頭髮》，在台灣出版時改名叫《無名髮》。故事說地球人的遠祖來自外太空的一個星球。那個星球就是地球人的家鄉。書中說到有幾個人，其中包括了衛斯理和他的妻子白素，他們從三個異夢中得悉真相，並見到家鄉之美，因而興起了回鄉的衝動，而回鄉的途徑就是藉着頭髮。我不在這裡談頭髮回鄉的象徵意義。總之，故事中一個名叫柏尼的人，為了「回去」而殺人，而他的朋友辛尼則為了「回去」而自殺；另外，一位國王亟欲「回去」，但是為了責任和人民而決定留了下來。至於衛斯理，他也「回去」了，但最終卻因為捨不下妻子而又再「回來」。

我相信許多的海外華人，特別是知識分子（例如新加坡的先輩林文慶博士），也常有夢，夢中也常會聽到原鄉的召喚，也會見到宗廟之富和家鄉之美，因而心中起了「回去」的衝動。有些已經「回去」了，也有些「回去」過了，卻又像衛斯理一樣又再「回來」，因為在其寄身之地有着不能捨下的原因。

明顯的，陳嘉庚是個「原鄉人」，他對祖國、對家鄉的關切和眷戀，毫不掩飾。並且身體力行，除了盡力捐輸，毀家興學，在新加坡生活了五十多年，最後還是在一九五〇年選擇了「回去」！

今日許多的海外華人，雖然崇拜陳嘉庚，實際更像衛斯理。家鄉雖美，但身有所寄、心有所依，已把「他鄉」作「故鄉」了。

陳嘉庚先生雖然在「故鄉」、「他鄉」之間作出個人去留的抉擇，但細讀其《南僑回憶錄》，卻又沒有那種非此即彼的緊繃的張力。當他說到「余居南洋新加坡五十餘年」之時，語帶情感；在其記憶之中，南洋之富美，星島之濃情，處處可見。只不過他活着的時代還是殖民地政府統治的時代，陳氏以「僑」定位，心向中國，乃自然不過的事。陳嘉庚在中國的晚年生活中，也從來沒有把他在新華社會的生活，看成浮萍無寄或浪跡天涯的歲月，或者在一定程度上，「他鄉」已變成「故鄉」，在心中經歷一個倒轉（reverse）的變換。

（二）幫派與黨派

在二十世紀上半葉的新加坡華人社會裡，不但「原鄉」情懷濃烈，許多社會習慣、價值觀念、思想意識及人際網絡，皆隨鄉土族群文化而來，故學者稱早期新華社會為「幫權社會」，其中以閩幫勢力最大，潮幫次之，還有廣幫、客幫和瓊幫。族群界線分明，宗族幫派意識甚重。陳嘉庚生於這樣一個以宗族主義及地方主義為主導的傳統文化中，當然受到影響。鄉土情重及「閩僑」身份，永遠是他的一個重要的部分。然而，陳嘉庚精神最為重要的一點，就是他能夠植根於鄉土和宗族，能夠超越幫派和畛域，擴大而為全國全民盡力謀福的遠見與公心。在他擔任新加坡怡和軒俱樂部總理之時，他就帶領該組織走出閩幫壟斷的局面，逐漸變成一個超幫派的團體。有學者這樣說：「自一九二三年陳嘉庚接任總理後，樹立了一種新精神。會務大力擴展，廣開門戶，吸收各幫各派人士，不分籍貫，一視同仁，使怡和軒成為一超幫的組織，積極推動社會公益。」【一】而楊進發在分析二十世

【一】柯木林、林孝勝：《新華歷史與人物研究》（新加坡：南洋學會，一九八六），頁八二。

紀初期華人社會新領導層時，也特別指出怡和軒在陳嘉庚帶領下的「超幫」活動和趨向。不但在怡和軒如此，在陳嘉庚努力推動之下，福建人開辦的學校如道南學校也率先開放門檻，讓其他幫派的子弟入讀，並且鼓吹使用國語（華語）為教學媒介，促進南洋地區的中國民族主義的勃興及傳播。在這以後，他興辦「南僑」、建設「華中」，成立「廈大」，皆本着同樣的路線及宗旨。

教育和社團之外，陳氏推動超幫派、破畛域的努力，又可見於辦報、籌賑，以及政治事務之中。正是：幼吾族吾鄉之幼以及別鄉別族別省乃至全中國之幼，老吾族吾鄉之老以及別鄉別族別省乃至全中國之老，這種由地方至全國，由小群體到大民族的推己及人的公心和愛心的擴大，在陳嘉庚身上有非常清楚的體現。難怪他在國難當前及黨派紛爭最為劇烈的時刻，出來大聲疾呼：「南僑愛國無黨派！」【一】證諸今日各地華社，幫派主義猶存，黨派之爭益烈，陳嘉庚的胸懷與卓見，能不令人佩服?!

（三）教育和文化

最後，讓我們來看看陳嘉庚在教育和文化上給予我們的啟示。陳氏在教育上的成就和貢獻，如集美學村的開辦，廈門大學的建立，道南學校的改革，南僑、華中的設立，等等，為人稱道，不用多說。我想在這裡只提兩點。第一，是他對教育的整體規劃和全方位發展。以集美學村來説，從幼兒教育開始到小學、中學、師範，及接續到廈門大學，步步相連的「一條龍」的規劃和設計，到今時今日香港討論教育改革時，還得借鏡及參考這些經驗。另一方面，除了「一條龍」縱的規劃，陳氏又兼顧專科專業的人才培養，如設立商科、水產、航海、農林等職業學校，此外又注意社會教育和文化保存，設立圖書館、博物館、科學館、農林試驗場和教育推廣部等機構，可以説配套周全，而不是「頭痛醫頭，腳痛醫腳」的隨機應變的時下之道。其次，我還想指出，陳嘉庚雖然為中國、為華族獻出很多心力、財力，他對新加坡本地教育，包括非華族的教育，也很熱心支持。二十年代美國教會想在新加坡籌建大學，陳嘉庚率先表示支持，並帶頭捐款坡幣十萬元，可惜後來因為英國殖民地政府所壓，不准開辦，陳氏捐款也只能移作社會慈善及公益之用，但從此可見陳嘉庚精神，並不是偏狹的愛國主義或極端的民族主義。

最後，讓我們再看看文化的問題。有學者用林文慶代表新學和西化，而以陳嘉庚代表中國傳統文化。這樣的區分過於簡單化了。事實上，兩人俱有其創新和保守的一面。林文慶從西學到中學，以及在維新與保守間的張弛糾葛，王賡武和李元瑾兩位教授已言之甚

【一】陳嘉庚：《南僑回憶錄》，頁三〇八。

詳，分析細緻，不用我多說；至於陳嘉庚的生活形態和許多價值觀念，當然非常傳統，但我要強調的是：陳氏是個植根傳統，又尊重傳統、繼承傳統的人，但他也是個不囿於傳統，又敢於打破傳統的人。從上面所說的辦新教育及超越幫派的活動，已可窺見陳氏開創納新精神的一斑。最後讓我引述陳維龍先生說的一段軼事，去說明陳嘉庚與中西文化間的來往及互融關係。陳維龍回憶他早年（一九一四）隨父親到怡和軒的時候，這樣說：「那時（怡和軒）的房屋有三層……一般受中文教育或從中國南來的如林推遷、陳嘉庚、陳楚楠、蔡嘉種、陳延謙、李俊承等多在二樓聚會，而受英文教育或生長在南洋的，如薛中華、李俊源、林秉祥、張永福、林文慶、林義順等則常在三樓玩，但那亦不是固定的，有時興之所至，三樓的忽跑下二樓，二樓的忽跑上三樓。」【一】

陳嘉庚、林文慶的中西文化互動的經驗，是個「上去下來」的經驗。溝通多了，就沒有隔閡，成為合作夥伴，像陳嘉庚和林文慶共建廈門大學；又或成為親密朋友、革命同志，像張永福和陳楚楠。上去，下來，中西文化並不相拒，也不相詆，並且可以互相配合，共融共建。

四、巨人精神的召喚

陳嘉庚先生於一九六一年過去了，死於中國北京，葬於集美鰲園，想來可以滿足他關懷祖國、愛護家鄉的情懷和素願。陳氏身高不滿六呎，算不上昂堂偉岸之軀，但精神巍巍，可比高山，絕對是近代中國及東南亞歷史上的巨人。許多人從其功業處着眼去繪畫巨人的圖像，我在這裡則希望透過他的生活細節去描繪其人格。形象地說，他每做一件小事、每說一句嘉言，他的身軀就都會高長一分。如斯下來，就成了一個高於同儕、高於同代的巨人。

巨人走後，不單留下足印，也留下餘音：

- 回顧時不看成功之處，而先要從失敗和失望的地方開始檢討。
- 原鄉、他鄉，只要是鄉，即有鄉心、鄉情。換言之，都會思念和關懷，都會盡力服務和貢獻。
- 從宗族到民族，從閩幫到超幫，既謀兼顧，亦求超越，但是超越並不是拋棄。

【一】 柯木林、林孝勝：《新華歷史與人物研究》（新加坡：南洋學會，一九八六），頁八一。

• 上去，下來，土生僑生，一爐共冶；融貫中西，統合新舊，全面建設教育，盡力培育人才。

陳嘉庚先生已經過去四十多年了，當代的人還能否清楚地聽見巨人的呼喚呢?!

原文《典型在夙昔：陳嘉庚與當代華人》，

載《陳嘉庚基金二十週年紀念慶典研討會論文集》

（新加坡，二〇〇三），頁一三七—一五二

中國與美國之間：賽珍珠的中國情結

一、前言

賽珍珠（Pearl S. Buck）是一九三八年諾貝爾文學獎的得獎人，也是二十世紀三十年代至六十年代名噪美國，甚至享譽世界的多產作家。她的著作近百種，而以小說《大地》、《龍種》、《母親》、《閨閣》幾部最為著名，有數十種不同文字的翻譯。

然而，到了最近二十餘年，這顆文壇巨星已經失去了往日的光彩。尤其在年輕一代的美國人中，似乎已經對這位曾經風靡一時的諾貝爾得獎人逐漸淡忘，不復記憶。至於中國讀者，在五十年前可真有不少的「賽珍珠迷」，在《大地》英文原版出版後不到兩年，即有幾十種中文譯本相繼面世。近數十年來，儘管多種賽珍珠的作品皆可在台灣買到，但年輕的一代也似乎對這位曾經以中國題材寫成小說而轟動全球的女作家有點隔膜了。至於中國大陸方面，一般人根本就沒有機會看到賽珍珠的作品，因為政府認為賽珍珠是帝國主義和資產階級作家，她的作品侮蔑中國的農民、歌頌封建的社會，故此一律被禁。問一般大陸知識青年：「賽珍珠何許人也？」幾乎皆瞠目以對。

然而，最近數年，似乎「賽珍珠熱」又有點死灰復燃，美國女作家史蒂苓（Nora Stirling）為她寫了一本甚為暢銷的傳記，多位學者也寫了研究的文章，在今年一個紀念她的會議上發表。

至於中國大陸方面，據説也將要對這位「黑」了多年的作家解禁，並且把賽珍珠在鎮江的故居重新修葺作為「友誼之家」，對外開放。

賽珍珠死了已經將近二十年，重新評價她的生命及其在文學史和中西文化交流史上的歷史地位也應該是時候了，但其一生既繁複而多面，並不容易作一全面性的分析，故本文只集中論述賽珍珠一生中的一條最重要的線索——她與中國的關係，作為對這位名作家百歲冥壽的紀念。

二、中國的召喚——傳教士的女兒

賽珍珠出生於一個傳教士的家庭。這個背景對她生命的塑造有極大的影響，她小説中主要的素材，以及人們對她的譭譽，都和這個背景有密切的關係。

賽珍珠的父親賽兆祥（Andrew Absalom Sydenstricker），是美國長老會派遣來華宣教的傳教士。賽牧師生長於虔誠的宗教家庭，兄弟七人中，六位都是牧師，在本土從事教會牧養之職，只有賽兆祥一人接受國外宣教的差使，遠赴中國傳教。至於賽珍珠的母親嘉莉·史桃汀女士（Caroline Stulting），是個活潑爽朗、喜結人緣、毫不拘束的女性。二十二歲立志做宣教士，和個性嚴謹的賽兆祥結識不久，便於一八八〇年七月結婚，然後一起赴華，在江蘇省鎮江市傳教。

在中國傳教十一年後，賽氏夫婦才有機會回美休假。而這次休假最主要的原因，是由於賽師母又懷了身孕。在這十一年中，賽氏夫婦先後生了四個兒女，除了大兒子外，其餘三個都不幸夭折，賽師母認為美國的醫療設備較佳，所以便在一八九一年底休假回國。翌年六月二十六日，賽珍珠便在西維吉尼亞州的希斯寶路郡出生，取名Pearl Comfort Sydenstricker，年甫三月，即隨着父母回到中國鎮江。

賽珍珠的父母是聽到宣教的召喚，經過了考慮和決定，才到中國去的，但是賽珍珠的赴華，卻並不由得她去選擇，只因她是傳教士的女兒。

（一）孤獨的靈魂

賽珍珠的童年和少年時期，都在中國度過。

作為一個傳教士的妻子或兒女，生活是艱苦而寂寞的，尤其在外國人很少的鎮江。

賽牧師時常出外到鄰近村鎮去佈道，有時數天不回家。賽珍珠的母親雖然常給小女兒講一些家鄉故事，但要應付教會和家庭的各種工作，總是忙得透不過氣來，無暇時刻陪伴女兒；長兄和幼妹的年齡，又都和賽珍珠相差甚遠，所以童年的賽珍珠多半的時間都在孤獨和寂寞中度過。她的家就在長江畔，是一幢中國式的屋子，年幼時的賽珍珠最喜歡坐在窗沿，眺望着長江水及各式各樣的船隻和旅客，編織她自己的夢。

據賽珍珠自己說，她的第一語言是中文，因為她從小就由保姆王阿嬤照顧長大，她的幾個童年伴侶，也是中國孩子。王阿嬤是道地的舊式中國婦人，做事勤奮，而且對孩子管束嚴格，但又時時表現出溫情和愛心。她在傳教士家當傭人，但仍然相信傳統中國的鬼神。她說：「對着白人的神，我可不知怎樣開口求告；而且我又怎麼知道祂會不會中國話呢?!」她甚至為賽珍珠編織了一頂小帽，上面有個佛像，可以庇祐孩子免生疾病。賽珍珠小時，常跑到家裡附近的佛寺和道觀去玩耍，看到鬚髮戟張的塑像，總覺得又有趣、又可怕，在她孤獨的心靈中，留下了永不磨滅的印象。

如此，小小的賽珍珠，就偷偷地走出了那禁錮的基督教世界，涉足於那充滿神秘、充滿迷幻色彩的民間中國（Storybook China）。

（二）成為傳教士

賽兆祥牧師相當開通，讓女兒穿中國衣裳、讀中國經書，但和其他傳教士一樣，到了女兒長大，便送她回祖國去上大學。一九一〇年，賽珍珠十七歲，在雙親陪同下回到了美國，進入維吉尼亞的蘭杜麥肯女子學院（Randolph-Macon Woman's College），唸的是心理系，在此以前，賽珍珠只在一九〇一年九歲時曾經隨父母回美一次。在大學期間，許多同學都把她看作「來自中國的怪人」，除了衣著和氣質的不同，還有她所填報的家庭地址——中國鎮江。

不過，賽珍珠在畢業時的成績卻是驕人的，除了獲得優等榮譽畢業，她還在大學期間拿過幾個大獎，包括歷史論文獎、最佳散文及最佳詩歌創作獎。一九一四年賽珍珠大學畢業，留校任助教，但因母親生病，乃辭職回到中國。兩年後下嫁美國農業學者柏克（John Lossing Buck），並加入長老會傳教士的陣營，和夫婿一同到安徽北部的農村工作。到一九二一年柏克接受了南京金陵大學的聘請，擔任農學院的教授，賽珍珠便和夫婿定居於南京。賽珍珠也在金陵大學兼職，教授英國文學。不過，兩人雖然在大學教書，但名義上還是美國長老會的傳教士。但是，賽珍珠對傳教士和拯救靈魂的工作似乎越來越提不起興趣，反而對「五四」之後中國的新文化運動甚為投入，與當時的中國知識分子和文人常有往來。是年，她的母親去世，賽珍珠為她寫了一本傳記，雖然當時並未發表，但可算是她所寫的第一本書。這本傳記後來出版時題名為《放逐者》（*The Exile*），裡面寫到她母親作為一個傳教士妻子的困難與悲哀，在書中已隱約表露出她對宣教工作及傳教士生活的批評和不滿，但另一方面，她對母親的苦惱、孤獨和犧牲，卻又有無比的同情。後來她為其父親作傳，名為《戰鬥的天使》（*The Fighting Angel*），一方面對其父親的嚴謹、善良和勇氣加以禮讚，但對他的忽略家庭和缺乏溫情卻又加以責備，而對其他的傳教士更有許多的批評。

（三）浪漫與反叛

二十世紀三十年代初期，無論在美國「差會」看來，或是在一般華人心目中，賽珍珠及其丈夫柏克都仍然是教育家兼傳教士。雖然賽珍珠在她的自傳中強調：「我一直靠自己賺錢養活自己，我並不是傳教士，我是大學中的教員。」但這時她只是在心靈上走出了傳教士的世界，在現實的生活上的世界，她並沒有走得太遠。但是在一九二五年再度回美之後，她反叛的傾向便越來越明顯了。令她極為頹喪和挫折的，首先是發現其女兒是個弱智的低能兒，其次是夫婿只顧農村調查工作，對她無暇多顧，因此在一九二七年回到南京之後，她決定自行發展其寫作的生涯，而且無拘無束地和一批中國詩人文人混在一起，其中包括了當時中國最有名的浪漫詩人徐志摩。

徐志摩在北京、上海兩地任教，也是文學副刊的編輯，常穿行於京滬之間，也偶爾到南京來講學。賽珍珠對這位英俊的浪漫詩人非常心儀，也有不少機會相處，兩人之間有一段並不尋常的關係。徐志摩其時已經娶了陸小曼，但仍風流成性，不但和賽珍珠，也和左傾美國女記者史沫特萊（Agnes Smedley）有一段情史。賽珍珠寫志摩：

> 他長得就像佛陀，不是胖的佛陀，而是高佻英俊的佛陀。我從來沒有看見過這般美麗的手，強壯而有風韻，十指纖長。……

志摩在一九三一年撞飛機而死，全國學者、文人及他夫人陸小曼都寫文章悼念他，惟有賽珍珠這位外國情人，在偷偷地躲着哭泣。其時她的第一本小說《東風．西風》及名著《大地》已經出版。當她由藉藉無名變為國際知名的作家時，她也開始由浪漫之路逐漸走上叛逆之路了。

令整個傳教士世界震驚和不知所措的，是一九三二年十一月賽珍珠對宣教差會的挑戰。是年，她和夫婿回到美國，柏克回到康乃爾大學去修讀他的農學博士學位，她則到紐約領取普立玆文學獎。長老會的領袖為她在紐約Astor酒店開了一個盛大的餐會，邀請她以傳教士的身份講論有關在中國宣教的工作。

賽珍珠在會上發言的題目是《有宣教之必要嗎？》引起了基督教界的大震撼。她對傳教士的素質、訓練、態度都有尖刻的批判，認為許多傳教士都是既無知又無能的「小人」（a little man），最後她代中國人說：「若要派遣，就派遣最好的，不然就不要派遣！」這篇講話後來由《哈潑》（*Harper's*）雜誌全文刊載，引起許多爭論。賽珍珠也被差會逼着辭去傳教士的身份。在許多教會人士眼中，她是傳教士陣營中的叛徒。

賽珍珠對她的傳教士父親十分敬重，不許自由派的學生在他面前批評基督教，而她自己的「公開的反叛」，也在一九三〇年她父親去世之後。以後多年，她一直被教會領袖批評和非議，指責她的再婚、她的吸煙、她的喝酒、她的電影事業……

當然，成名後的賽珍珠已經不再是傳教士的女兒了，但她並不像教會領袖們所說的成了「沉淪之子」，她說：

> 我從沒有放棄宗教信仰，但我因不再受宗教組織所侷限而歡欣。我當然不是一名無神論者，我在許多地方和許多人的身上找到了上帝。

在一九四七年，她又說：

> 我對基督教的傳教士沒有偏見，我的父親就是一名偉大的宣教士，而我的摯友和現任美國駐華大使司徒雷登，也是一名非凡的傳教士。

她的第二任丈夫，也是她的出版人李察．沃爾殊（Richard Walsh）是個徹頭徹尾的無神論者，但賽珍珠在這一點上和他極力爭持，認為天地間有一終極之力量存在，主宰着這個世界。她說：「我並非一個傳統式的宗教徒，我也不上教堂……但沒有放棄宗教。」有時，她還是會靜悄悄地上教堂去，享受聚會前的莊嚴肅穆，但對牧師的講道就沒有多少興趣了。

由五十年代直至晚年，賽珍珠一直強調：

> 我從來沒有說過沒有神，但我只是覺得人世間已經是如此豐盛、有趣和充滿靈感與啟發，那又何必再向外求呢？

一九五二年她寫信到紐約的一份報紙，信上聲言：「除了對人類的信仰之外，我覺得再無需別的信仰。」

這種宗教情懷和對人生的信仰，是賽珍珠離開了中國、離開了傳教士生涯之後的生活指標和信念，但追根究底，這種思想的淵源，卻是中國的影響，特別是儒家思想的影響，是賽珍珠還在做傳教士女兒的時候所受到的中國教育的影響。

賽牧師夫婦把生命獻給傳教，也獻給中國，中國卻又把它的文化精萃和精神生命傳給了賽珍珠，誰施誰受，這是一種回報，抑或是一種諷刺？

三、中國的靈魂——《大地》的寫作

賽珍珠是以「中國作家」的姿態踏入文壇，乃至享譽世界的。她的第一個短篇小說是〈一個中國婦女的陳述〉（*A Chinese Woman Speaks*），這個初試啼聲的作品一九二五年刊登於《亞洲雜誌》，後來收入她的第一本書《東風．西風》之中，在一九三〇年出版。但使她一鳴驚人，甚至舉世矚目的，卻是她的第二本書——《大地》（*The Good Earth*）的出版。那是在一九三一年三月，賽珍珠剛剛四十歲。

《大地》所帶來的狂飆和震撼，是美國出版界所沒有料到的。在出版之前，許多人還認為以中國為題材的小說在美國不會有太多的讀者。但《大地》自推出後即引起如潮好評，成為破紀錄的暢銷小說，僅在一九三一年，就賣出了一百八十一萬一千五百本，以後多年還是繼續暢銷。

在《大地》之後，賽珍珠繼續寫作「中國小說」（China Novel），先後完成了《兒子們》（*Sons*）、《分家》（*A House Divided*）（這兩部小說可以算是《大地》的續集，寫的是《大地》主角王龍的後代）、《母親》（*The Mother*）、《元配夫人及其他故事》（*The First Wife and Other Stories*），而其父母的傳記《放逐者》和《戰鬥的天使》也先後出版。

《大地》是西方「中國小說」的突破。在這以前，坊間的通俗「中國小說」多以諷刺及侮蔑中國人為主題，再加上探秘搜奇的性質，目的在娛樂讀者，但《大地》改變了「中國小說」的形象，透過嚴肅的主題、洗煉的文筆、事實的描繪，把「中國小說」帶進美國文學的主流，提升了「中國小說」的地位。一位書評家說：

> 《大地》即是中國，在這部動人的故事中，那些人並不稀奇古怪，他們是如此的自然，就像他們的泥土。他們具有真切的人性，在第一章之後，我們會更被他們的人

性所吸引，而不是被新奇的生活習慣和宗教信仰所吸引。

《大地》獲得一九三二年的普立玆獎，也使賽珍珠成為紅遍全世界的「中國」作家。一九三八年賽珍珠更錦上添花，榮獲諾貝爾文學獎，讚詞中說：她的得獎是「因為對中國農民生活的豐富而真實的史詩般的描繪，以及傑出的文學傳記」。前者是指《大地》和它的纏綿，後者是指她為雙親所寫的兩本傳記。

（一）中國的哺育

賽珍珠以英文寫作「中國小說」，在一定程度上受着中國和西方兩個傳統的影響，有人說她在《大地》中的文筆非常像《聖經》的筆法，也有人說她受了狄更斯（Charles Dickens）和左拉（Emile Zola）的影響，但以賽珍珠自己所言，則她主要的靈感來源，實在是中國社會和中國文學。她熟稔傳統中國的兩個截然不同的世界——士人世界和農村社會，在價值觀和文化氣息上她深受儒家士大夫的影響，但在感情的流露上則處處傾向貧窮而善良的農民。在寫作的技巧和風格上，她自承深受施耐庵《水滸傳》的影響。在她獲得普立玆獎後，她竟以施耐庵為《水滸傳》所寫的全篇序文，作為她致辭的內容；又在榮獲諾貝爾獎之後，也公開談到傳統中國小說如水滸、紅樓、西廂、三國等對她的影響。她所翻譯的《水滸傳》，英文名為*All Men are Brothers*，取「四海之內皆兄弟」之意，流傳至今。

賽珍珠自述：

> 中國文化的影響，是我生命的一部分。我從我所認識的中國中吸收（各種人生的價值，例如）對朋友的態度。……

又說：

> 當我寫一部以中國為背景和以中國人為主角的小說時，我是用中文來思考的。中文原本就是我本來的語言，因為我初學講話時就用中文。

中國是哺育賽珍珠的國家，賽珍珠是過繼給中國的女兒。

（二）美國的認同

賽珍珠於一九三四年攜同女兒離開丈夫，也離開中國，回到美國定居。據她自言這並非她的本意，一方面是為了使弱女有更好的照顧，一方面也因為受了共產黨的壓迫和威脅。我們當然也想到還有兩個原因，那就是她如日方中的事業，以及與出版人沃爾殊的戀情。

在回到美國之後，雖然賽珍珠努力地嘗試重新「美國化」，但在最初的十餘年中，還是靠着中國的回憶和靈感創作，先後寫了《龍種》（*Dragon Seed*）、《閨閣》（*Pavilion of Women*）及兒童故事《鄰居的中國孩子》（*The Chinese Children Next Door*）等書。但在四十年代中葉之際，她對「中國故事作家」的稱號已感到非常厭倦，希望尋求突破，改寫以美國本土為題材的小說。可能為了證明她的寫作能力，或者又為了商業上的原因，她用了「約翰．沙傑士」（John Sedges）的假名寫作，陸續出版了《鎮中人》（*The Townsman*）、《房內聲音》（*Vocies in the House*）及《長戀》（*The Long Love*）等小說，成績也不錯，《鎮中人》寫美國中部肯薩斯州一個小鎮的故事，不但躋身暢銷書之列，而且獲得許多書評人的稱讚。

賽珍珠努力地去同歸和認同美國，也可以從她關心民權運動，參與反核運動等看出來。五十年代時有人問她對其成名作《大地》之感想，她說：

我寫《大地》時為了表達對中國西化派知識分子的不滿和對無聲的農民的關懷，寫書的目的統已達到，我已經對它失去了興趣。

賽珍珠既然不打算再回到中國去定居，只希望躋身於美國文壇的主流，因此，這種努力尋求擺脱「中國」束縛、認同「美國」的傾向是很可理解的。

然而，她在這方面的努力並不成功。

四、中國的糾結——兩個世界間的徘徊

賽珍珠雖然生於美國，但有着一顆中國心。她的前半生，從出世後四個月開始到四十歲，除了大學數年，幾乎所有時間都在中國度過，所以在許多方面，她和中國的知識分子很相像。她自己也坦然承認：

從出生及血緣來説，我是美國人；從信仰的選擇而言，我是基督徒；但從生活的年月、從感情與心態上來説，我是中國人。

回到美國以後，與賽珍珠所來往的有各式各樣的美國人，但她總是覺得只有和中國友人相處時最為自然和舒服。有一次林語堂在她家中作客，不住地向她凝望，令她感到有點不自然，便向林語堂問明原因。林語堂把煙斗從嘴上拿下，向賽珍珠說：「你是個中國人，你的一舉一動，你說話的神情，絕對像一位中國婦人。」

所以，儘管在回美初期賽珍珠努力地去脫離「中國」、認同「美國」，她還是擺脫不了與中國的關係。剪不斷、理還亂，賽珍珠與中國之間的糾纏，就如許多中國知識分子與中國的關係一樣，是錯綜複雜卻又分也分不開、剪也剪不斷的。當她看到加利福尼亞光禿的山巒，就懷念起兒時所見的中國的山景；當她在一間商店中看到一座觀音的雕像，就有一股莫名的欣悅。她去世前一年寫《中國的過去與現在》一書時，充滿感情地寫下：

（中國），我永遠是你的一部分，你也永遠是我的一部分，你構成我，你哺育我，你塑造我……我的一部分永遠是屬於你的。

這不是矯情，而是心底下的呼喊。

和許多二十世紀初在中國社會中長大的知識分子一樣，賽珍珠對中國的愛中夾雜着無限的苦，苦於在不同世界中要作極為困難的抉擇，苦於在不同的張力下無奈地掙扎。

第一種是士大夫與農民之間的張力和選擇。賽珍珠寫《大地》是選擇同情農民，表達她對西化派知識分子的不滿和不耐，但她又對士大夫的思想和生活方式有不能割斷的依戀，對她的黑木書桌、對她的象牙觀音、對她的四書五經都不能忘情。職是之故，大陸史家對她的評論是「維護封建」和「欺騙農民」。

第二種是傳統和現代之間的張力和選擇。賽珍珠一方面贊成中國步上現代化之路，對孫中山、魯迅、丁玲等都有美言，但對儒家傳統，尤其是傳統式的家庭、友誼及各種人際關係，卻又緊緊握着不願放棄。

第三種是國民黨和共產黨之間的鬥爭。賽珍珠似乎感到「無可選擇」，對共產黨，她是從二十年代開始就反對的，到死前還是如此。一九五一年她說：「中國已淪入暴君之手。今日的中國人在共產政權之下不敢隨便講出心裡的話……一個批評政府的人面臨着死亡的威脅。」

但是，她對國民黨，尤其是蔣介石、孔家及宋家，也沒有好的印象，而且都有嚴厲的批評。她說蔣氏對知識分子的迫害好像史達林一樣，又批評孔祥熙夫婦貪污和腐敗，對宋子文的評語則是「的確能幹，但也貪污腐敗」。她認為「中國的民主希望不在於共產黨或國民黨，而在於不是兩黨而在中間的自由派人士。」

除了在這三種張力之間徬徨之外，賽珍珠還需在東西兩個不同的世界之間徘徊。有時賽珍珠似乎是有兩種傾向的邊際人，但更多的時候，她回到童年時候的孤獨的自我，在孤獨中尋求解放和超越，像她的一首詩中所表達的：

我的家在何處？
什麼地方可以找到
心靈與神智的
真正的自由？

什麼樣的土地，
有我的人民？
他們在夢中宣告
塑造他們的真愛。

我獨自地生活，
藉着夢與人們分享。
人們？噢，
他們並不在這裡！

原文「賽珍珠與中國」，刊於台灣《歷史月刊》第五十六期（一九九二年九月），頁四七—五七

邊緣與之間：鄺富灼的跨地域和跨文化經驗

一、前言

我為什麼研究鄺富灼（一八六九－一九三八）這個大部分近代史學家都不認識的人？鄺富灼的英文名字是Fong Foo Sec，出生於廣東台山，但十三歲就追隨鄉人到美國謀生。像許多十九世紀末出國華工一樣，鄺富灼初到美國時，就在三藩市及薩克利緬度的唐人街中找生活。但他的人生歷程和際遇卻與許多早期移民美國的華工（豬仔／苦力）及商人都不同。鄺富灼在美國的二十餘年，可以說是一個「衝出唐人街」的奮鬥經過，以及如何融入主流社會的過程。這是我對鄺氏生平有興趣的第一點。

鄺富灼和同時代的孫中山有點相似，他們同在廣東的僑鄉成長，也同在少年時候離開家鄉出國，不過後來的境遇則各有不同。鄺富灼十三歲離鄉，到了舊金山後，他在兩個華埠（三藩市和薩克利緬度）那裡打工、讀夜校。最後受到一位中國牧師的幫助，信了基督教，並且參加了救世軍，從事宣教活動。這樣的經歷，在當時華人移民中並不常見。

鄺富灼在救世軍中服務多年，並且接受宣教訓練；由於勤奮向學，被擢升為書記，成為三藩市救世軍一名積極分子，更是該會華人分部的創始人。一八九七年，鄺氏在救世軍工作了八年之後，得到救世軍的資助進入洛杉磯東部的克萊蒙（Claremont）的盤馬奈學院（Pomona College）攻讀大學課程，得到接受美國高等教育的機會。一九〇七年，鄺富灼返國。

鄺富灼回國後，怎樣重新適應中國社會和文化，又如何利用他在美國學來的知識與經驗去為中國謀求改良和變革？這是我對鄺氏後半生的關注所在。他應上海商務印書館之聘，主理編譯部工作，負責英文書總編輯之職。這是鄺富灼下半生的精力投注的地方。在民國時期，他所編著的英文課本為中國學校普遍應用，而譯出來的外國作品也對「五四」以後的年青一代有很大的影響。本文擬對鄺氏的跨地域、跨國界及跨文化經驗作較為深入的分析，先從他的出生地——台山說起。

二、台山鄺氏——僑鄉與移民

廣東台山，亦即新寧縣，位於廣東省珠江三角洲西南，鄰香山澳門，與東南面之香港隔灣相對，而成珠三角。台山及鄰近之三邑地區和中國近代移民的歷史關係最深，遠於鴉片戰爭之前，這個地方的人，許多都已經離鄉別井，前往外國以謀生計及求發展。台山人往外跑，要比廣東省其他地區的人更來得早，人數也較多。移民史上最早到東南亞（新加坡）的是台山人，到澳大利亞和北美洲的也是台山人。

若從廣東鄺氏一族去看近代中國的移民及留學歷史，則自然會把目的地集中在北美，尤其是美國西部的加利福尼亞州，因為這是早期大多數台山移民的集中地。他們和其他在十九世紀中到加州來的外地人一樣，多半都是為尋金熱的浪潮所吸引，到新發現的礦場去做採金工人，直至礦源枯竭；然後不少人又受鐵路公司招聘，成為興建鐵路的工人。到了十九世紀七十年代鐵路完工，中國人才分散在農耕、捕魚、裁縫、洗衣和餐館各種不同行業之中，並且在三藩市（San Francisco）和薩克門度（Sacramento）聚居，使之成為「大埠」和「二埠」兩個「中國城」。台山籍及其他廣東人在兩地都建立了宗族的組織，就是三邑會館和四邑會館，均於一八五一年成立，為美國華僑最早建立的會館；[二] 兩年後，即一八五三年新寧人士因人數眾多，更自組寧陽會館，內中皆不乏鄺氏族人。四邑會館中的鄺姓人氏，以來自南海者居多，三邑鄺氏則多為新寧台山人。

《鄺氏譜乘》記載鄺氏家族的譜系，由古至近代二十世紀中葉，包括廣東省內鄺姓各支，台山鄺氏亦在其中。從中可見清代以來鄺族的移民家庭，以南海鄺氏和新寧鄺氏最多；初期留學生中的鄺姓子弟，也大都來自這兩支。在一八七二年開始的出洋留美幼童計劃中，分四批共一百二十名學童出國，南海的一支鄺氏族人有下列學童：鄺景垣（第二批）、鄺詠鍾（第二批）、鄺景揚（第三批）和鄺賢擣（第三批）；而新寧（台山）鄺氏出洋幼童則有：鄺榮光（第一批）、鄺國光（第四批）和鄺炳光（第四批）。【二】廣東四邑和三邑之所以成為外向移民的重點地區，既有着歷史和地理上的基本因素，也有政治上的誘因。歷史上由於珠江三角洲是清代唯一政府批准對外貿易的地方，故對外知識及聯繫較其他地方為強；地理上閩粵二省瀕海，故有出洋之便利。【三】而在十九世紀中葉突然間大量三邑四邑居民往外移民，則主要是由於太平天國之亂所影響。要不就是參加動亂而事敗後受到政府的壓迫，要不然就是因為動亂破壞了農村經濟，令其無法維生，故只有放洋另謀出路。【四】出國的鄉人多了，其地便成為與外面時有往來的「僑鄉」。十九世紀以

【一】麥禮謙：《從華僑到華人——二十世紀美國華人社會發展史》（香港：三聯書店，一九九二），頁二九。

【二】鄺光寧編：《鄺氏譜乘》，頁二〇二—二〇三，又見《古鄺國叢談》，頁二五八—二五九。

【三】有關廣東珠江三角洲地區鴉片戰爭之前的商業發展及與外洋之貿易，可參葉顯恩：《珠江三角洲社會經濟史研究》（台北：稻香出版社，二〇〇一），頁五一—一一七。

【四】葉顯恩分析珠江三角洲華工出國較多的原因，除了太平天國之亂，還包括土客（本地—客家）械鬥，區內人口壓力增加等，同上書，頁四一八—四二七。

來，位於三邑的台山乃粵省中往北美移民最多之「僑鄉」也。南海鄺氏移民美國的歷史中有不少傳奇故事，其中一個是以鄺泗為首的家庭在加利福尼亞州的開拓及繁衍的經過，可從其從事文學的曾孫女的筆下略見一二。【一】另外一位通曉中英雙語，並且曾經遊歷美國的鄺氏族人是鄺其照。

三、家鄉先賢、雙語專家——鄺其照

台山鄺其照，字蓉階，與香山容閎為同時期的人物，也是同治時期中國留美幼童計劃的負責人之一。容閎事蹟，中外皆知，為人津津樂道，然而，鄺氏其人其事，卻隱而不顯，遠較容閎，甚至較之其他與留美幼童計劃之有關人物如陳蘭彬、吳子登等，也少為人熟悉，甚至其出生年份和早年生活，亦無詳細記載。【二】據族人鄺光寧所編的《鄺氏譜乘》估計，鄺其照約生於道光年間。鄺氏大概在青少年時期出國謀生，在美國學會英語，然後入學進修，卻未聞得到任何學位。早年在美國生活期間，鄺氏累積多年學習英文的經驗，於一八六八年編成一本中英對照字典，為第一代國人編纂中英文雙語字典者；【三】這部中英字典在鄺氏帶領中國幼童留學美國期間曾經再度修正，名為《華英字典集成》，於一八八七年再版，清末光緒時期中國人要學英語者，大抵都會購買和閱讀鄺氏這部著作。【四】後來鄺氏回國後又編訂了多種學習英語課本，如《英文初階》及《英語會話》諸書，對早期中國人學習英文有很大的幫助。【五】

鄺其照什麼時候從美國回到中國，史料並無明確的顯示，估計約在十九世紀六十年代末至七十年代初。他回國後加入北洋李鴻章幕府，並且在上海之留美幼童出洋留學局任

【一】參施麗莎（Lisa See）：《金山鄺氏》（*On Golden Mountain*），一九九六年美國出版，摘要及書評見梁元生：《施榆集》（香港：香江出版有限公司，一九九八），頁二二八—二三一。

【二】《鄺氏譜乘》中有鄺其照傳略，惟並無出生年日和任何早年資料。見頁一九九—二〇二。

【三】關於國人中英字典的編纂，最早要算是子卿編著的《華英通話》，一八五五年於香港出版；一八六〇年又有寧波人張寶楚等編之《英話注解》，一八七四年曹驤的《英字入門》（上海申報館出版）及楊勳編《英字指南》（一八七九年美華書館出版）。見鄒振環：〈十九世紀末滬港多語環境的形成與外語讀物出版之互動〉（未刊稿）。

【四】鄺光寧編：《鄺氏譜乘》，頁二〇二。

【五】參內田慶市：〈關於鄺其照《華英字典集成》的討論〉，見《關西大學中國文學會第十九號紀要》（日本關西大學，一九九八）。

事，負責幼童出國前之英語訓練，大概每一組幼童出國前約需三至五個月學習英文英語，主要由鄺氏教授。一八七五年鄺其照得到李鴻章之推薦率領第四批幼童赴美留學，並出任赫福總部留美童生之總翻譯官。【一】

鄺氏率領第四批留美幼童於一八七五年赴美，隨行的還有他的夫人少琴【二】，到達赫福時，由於當地的美國人很少見到中國婦女，這位年輕的鄺夫人的出現，在這個小鎮上頗引起一陣的哄動。鄺氏率領學生到達後的第二年（一八七六），適逢獨立一百週年，在費城舉行慶祝一百週年之世界博覽大會，鄺氏於是年七月帶同一百一十三名中國留學生參加，並獲得美國總統接見，成為當時人所注目的盛事。【三】一八七六年博覽會的興奮過後，不幸降臨到鄺其照身上。鄺的妻子少琴在誕下嬰兒後不久，即在美國患上肺炎，數月之後病情惡化，竟在一八七七年初去世，死時才二十二歲。鄺其照受到嚴重的打擊，鬱鬱不振，幸賴一對叫斐爾尼的美國夫婦（Jay and Julia Filley）替他照顧孩子，直到清政府於一八八二年召回留美學生，鄺氏父子亦隨之返國；【四】其後鄺氏在上海定居，參加過《匯報》的出版及編輯工作，對於滬上出版界和報業有一定的認識。

鄺其照除了帶領留學生出國，對他們照顧及栽培之外，最重要的貢獻還有寫作和辦報。約於一八八四年左右，鄺其照從上海回到廣東，為兩廣總督張之洞賞識，以其通達外語，深諳洋務，延任出當總督府文案之職，協助張之洞處理中法戰爭的危機及勘察邊界事務。【五】在此期間，鄺其照並倣效上海《申報》的格局和形式，於一八八六年六月二十四日（光緒十二年五月二十三日）在廣州創辦《廣報》，鄺氏為出版人，主筆是吳大猷、林瀚瀛，兩年後主筆改為勞保勝（亦漁，南海人），撰述武子韜（芝鹿，高要人），編輯朱鶴（朱雲表），並聘請族人鄺五臣擔任經理。【六】《廣報》是廣州第一份由華人創辦和編輯的報紙，對介紹新知，鼓吹改革，談論時政，都起了很大的作用。正因如此，它也遭到

【一】鄺光寧編：《鄺氏譜乘》，頁一九九。

【二】廣東人，生於一八五五年，為商人的女兒，十七歲嫁給鄺其照，一八七五年隨鄺氏赴美，一八七六年生下兒子，翌年去世。見Chris Robyn, "Building the Bridge: The Chinese Educational Mission to the United States: A Sino-American Historico-Cultural Synthesis,1872-1881", M.Phil. Thesis (History), The Chinese University of Hong Kong, 1994, p.48.

【三】鄺光寧編：《鄺氏譜乘》，頁二〇〇。

【四】Chris Robyn, "Building the Bridge: The Chinese Educational Mission to the United States: A Sino-American Historico-Cultural Synthesis, 1872-1881", M.Phil. Thesis (History), The Chinese University of Hong Kong, 1994. pp.32-33.

【五】鄺光寧編：《鄺氏譜乘》，頁二〇〇。

【六】同上書，頁二〇一，又見鄺光寧編《古鄺國叢談》，頁二五四。

朝廷和官府密切的注視。當張之洞調職湖廣總督，鄺其照也離開官場之後，繼任兩廣總督的李瀚章指責《廣報》「辯言亂政，法所不容，妄談時事，淆亂是非」，勒令封禁，《廣報》由是停版。【一】

鄺氏著作最有影響力的當推上面介紹過的《華英字典》，但其他著作還有：《五大洲輿地戶口物產志》及《台灣番社考》等幾種，均輯入王錫祺編《小方壺齋輿地叢鈔正編》之中。

四、溝通中西，融會耶儒的鄺富灼

鄺富灼，字曜西，台山人，生於一八六九年（同治八年）。他的生平資料亦不多，《鄺氏譜乘》中雖然有他的傳記，但比較鄺其照更為簡略。【二】在有關的資料中，除了他自己口述的一篇傳記〈六十年之回顧〉之外，最有參考價值的要算是他死後二十餘年親友為他出版的紀念集。【三】

鄺富灼和鄺其照一樣，早年都曾經在美國讀書及生活過，最後都回到中國，很長一段時間都在上海工作，而且都以精通英語，通曉外事而知名，對引進西方知識及溝通中西文化有着積極的推動作用。鄺富灼有兄弟三人，富灼居中，又有姊妹二人，連祖父母一家九口，居住於沖雲堡順和村。幼年時鄺富灼在鄉務農，兼讀儒家經典，是典型的傳統社會中耕讀之家。【四】其自述云：「余家世業農，居粵省台山縣一小村，村距縣城十來里，同村僅十家，俱鄺其姓。余以一八六九年（同治八年）生於是，行二，上有一兄，下有一弟二妹，幼時，家況清苦，余父不善治生，益以食口既繁，薄田數畝，殊不足供溫飽，恒以甘薯代飯，終歲衣揭洗足，帷新歲始獲着履矣。余甫能步，即須助作佃工，牧牛挈水，終日咨孜不已。余八歲入村塾，畢四書，五經亦習一二……余度半農半讀之歲月，忽忽至十二齡，余父以鄉間務農，終非為余展足之地，且習見鄉人之往美國工作者，輒囊資而歸，頗思遣余渡美。」台山人出洋謀生者眾，鄺富灼的親戚、族人也不例外，他們在較早之前已經赴美，有一位叔父在加州薩克門度定居。由於台山鄺族人數不過百家，鄺富灼對前輩鄺

【一】鄺光寧編：《鄺氏譜乘》，頁二〇一。

【二】同上書，頁二〇六—二〇七。

【三】原為英文，由鄺均永（Wing Fong）編成。*In Memory of Dr. Fong F. Sec*（Hong Kong: Privately Printed, 1966）with a forward by Mrs Laura Fong, wife of Fong Foo Sec.

【四】*In Memory of Dr. Fong F. Sec*, p.2.

其照及其他留學生出洋的故事，就算不是耳熟能詳，也應該有所聽聞。

鄺富灼在十二歲時，即準備跟隨族人出國，第一次隨鄉人十六名在一八八一年底於台山出發，五天後到了香港，但因錯過船期，無船赴美而被逼折回，到一八八二年再次出發，時鄺富灼十三歲。雖然十年前中國政府派往美國的留學生也有十二三歲的，但情況和鄺富灼可真不一樣，他們有官員帶領和照顧，而且不用為經費操心，但鄺富灼則只有依賴族人幫助和靠自己的努力。他的船票是靠家裡借來的錢買的，他和其他數目眾多的勞工及「豬仔」一同擠在一個僅可容身的船艙裡，趕緊要在一八八二年美國禁止華工入口法令生效前抵達「金山」。【一】船上空間極為擁擠，加上暈浪不適，鄺富灼的航程可謂相當困苦，但他卻掌握機會，跟船上一名懂得英語的人學習，這是他學英語的開始。【二】

像其他華工一樣，鄺富灼來到美國後第一個居住的地方是三藩市的唐人街，在跟隨其他工人乘馬車去唐人街途中，他已經切身感受到白人的種族歧視和對華人的粗暴無禮的待遇。當他們看見馬車載着華人經過時，就會在地面上撿起垃圾，憤怒地向他們拋擲。【三】這種歧視一直跟隨着鄺富灼，他從三藩市搬遷到二埠薩克門度依附叔父後，情況並沒有很大的改變。然而，他也認識到一點，就是在白種人中也並非人人一樣抱着種族歧視的態度，在他們當中，有壞人也有好人。就像他工作的一戶人家，對這個遠地而來，不懂英語的中國小孩，還算慈祥相待，每週給他一元的工資，替他們打理飲食及清潔廚房。【四】這戶人家的小孩待他也很親切友善，有時更會給他一角錢作為打賞。但年青鄺富灼在此期間卻不思長進，反與華埠中其他不良的青年為伍，把零錢用在賭博上，結果都是輸得精光。後來叔父把他認真地教訓了一頓，並要他去夜校上課。這所教會辦的夜校對鄺氏的一生影響極大。首先，是在這裡他的英文英語能力打下了基礎，並且逐漸提升，最終可以在主流社會中應用和生活；其次，他在夜校認識了一位叫陳繡石的基督徒老師，帶領他接受基督教。他自己在回憶錄中這樣說：「余往受讀，然心不喜之，好從劣童遊，以博為樂……廢讀而嬉矣。既而叔知之，因大加苛斥，仍導余入校，時校中新來一教師，即今任金山大埠公理會署牧之陳君繡石也，一見垂青，愛余如小友，百方勸掖，導吾向善。」【五】陳氏後

【一】一八八二年美國前華工在美國情況及排華運動的背景，參閱麥禮謙：《從華僑到華人——二十世紀美國華人社會發展史》，頁九。
【二】*In Memory of Dr. Fong F. Sec*, p.4.
【三】同上，又見鄺富灼：〈六十年之回顧〉，《良友》第四十七期，頁一二。
【四】*In Memory of Dr. Fong F. Sec*, p.4.
【五】《鄺富灼博士紀念集》，頁一一。

來成為三藩市基督教綱紀慎教會（即公理會）的傳道牧師，和鄺富灼多年一直保持師友的關係。

鄺富灼接受基督教，是經歷一番掙扎的，據其自述如下：「余初不至知基督道，在（赴美）舟中時，習聞人言教會不善，先入余心，故雖往校肄業，只為習英語起見矣。今得陳君之化，向日之成見，由漸消融，頗有向道之意……余既久經眾人之薰陶，心志益近真理；然胸中猶徘徊萬端，不能驟決，則以為向日習染者深，且環顧父母親友，俱非教徒，苟余一申進教之說，則必群起而攻也；即余心中亦常自問，其意若曰：余家之敬神拜祖，世代相傳，今一旦決心皈基督教，必盡棄之；苟基督教不可恃，則余之所失者，不已多乎！因此亦不能即定，屢與信徒辯論，又不能勝，故心中往來百般，頗覺躊躇矣。」【一】最後因為一場大火，把叔父的家燒毀，鄺富灼只得搬到教會公所去居住，因而決定信教。

鄺富灼成為基督徒後一年，即參加救世軍的各項活動，並且接受宣教訓練。如是數年，之後他由薩克門度回到三藩市，在救世軍總部擔任廚子的工作，並且參加救世軍的宗教活動，由於勤奮向學，被擢升為書記，成為三藩市救世軍一名積極分子，更是該會華人分部的創始人。【二】

鄺富灼雖然成為一個基督徒，但他的宗教生活和社會形態又和一般華人教會信徒稍有不同，當時在三藩市唐人街的中國教會，多數是由去過中國傳教的西教士開辦的。早於一八五三年，美國長老會就成立差會，由曾在廣東傳教通曉粵語的士比牧師（Rev. William Speer）負責；隨後在一八七〇年美以美會又在此設立華人福音堂，由吉布森牧師（Rev. Otis Gibson）帶領；隨之，浸信會舊金山華人傳道會（一八七〇）及綱紀慎華人教會所（一八七三）相繼成立。【三】但鄺富灼所參加的救世軍，雖然有向華人宣教，但主要是美國人的基督教活動，在組織和體制上也不同於一般教會，鄺氏在其中學到的，許多是主流社會的東西。由此可見，鄺氏在一八八二年到了美國之後的生活和經歷，由種族歧視、工作謀生，到夜校學習和宗教經驗，都和「正途」的中國留學生完全不同。

鄺富灼在救世軍工作達八年之久，其間曾接受神學課程及宣教訓練，並奉委為傳教師，在太平洋沿岸加州各地宣教。在宣教時常常受到惡人攻擊，所以他時常手持木棒以自

【一】《鄺富灼博士紀念集》，頁一一。

【二】根據救世軍的官方網頁資料，三藩市救世軍華人分部創立於一八九六年，創始人是鄺富灼。見www.salvationarmyphiladelphia.org.

【三】麥禮謙：《從華僑到華人——二十世紀美國華人社會發展史》，頁一三九。

衛。【二】一八九七年，鄺氏在救世軍工作了八年之後，得到救世軍的資助進入洛杉磯東部的盤馬奈學院（Pomona College）讀大學預科，翌年再正式入讀大學，開始正規的大學生涯。

鄺富灼在盤馬奈學院讀書的日子並不事事如意，一方面他要一邊讀書一邊做工來維持生活，另一方面他卻又因辛勞過度得了肺結核病，以致需要停學一年休息，但最後恢復了健康，並且繼續學業。一九〇二年他從盤馬奈學院轉學到加州伯克萊大學，修讀英國文學，至一九〇五年取得文學士學位。隨後他獲得獎學金再到美國東部紐約市的哥倫比亞大學深造，主修文學和教育，於一九〇六年取得碩士學位後，想要回到中國服務，經過與中國駐美大使梁誠的一席交談後，得到梁誠推薦任兩廣方言學堂教習，便結束海外二十四年的漂泊生涯，於一九〇七年返國。

鄺富灼回國後，旋即到北京參加一九〇七年舉行的留學生考試，中第三名進士，授職郵傳部。但鄺氏無意官場，翌年返鄉，迎娶基督徒林憐恩醫生為妻。婚後移居上海，應上海商務印書館之聘，主理編譯部工作，負責英文書總編輯之職凡二十年之久，至一九二九年花甲之年始退休。一九三八年卒於滬，死後二十七年，即一九六六年，其侄兒鄺均永收集其生平事蹟及紀念文詞，出版《鄺富灼博士紀念集》。

【一】《鄺富灼博士紀念集》，頁一四。

第二部分

「之間」的城

港滬之間：兩個城市文化的發展與比較

一、引言：記憶和符號

在這篇文章裡，我想透過「城牆」和「海水」這兩個作為文化象徵的符號，論述十九世紀以來上海和香港城市文化的生成及其發展的過程，並且對雙城文化的特徵作出比較。上海和香港這兩個中國海岸邊緣的城市，都曾經有過一段有城牆的日子，或者說是部分社區被高牆圍繞着的日子；與此同時，雙城又皆瀕海，都是海濱之城。然而，我在此所以借用「城牆」和「海水」作為象徵符號去了解及比照雙城文化，實與我對雙城的記憶有關。

二、拆牆和砌牆

我記得青年時看金庸的一部中篇武俠小說，裡面提到一個患夢遊病的人，深夜間從床上起來，雙手重複地在做疊磚砌石的動作。原來他在砌牆！他把原先的一堵牆拆掉，在夾牆中間埋藏了一段秘密，復又把牆砌回原來的樣子，以為從此不為人知，但由於他心內牽掛，患上夢遊病後還在不知不覺中不斷地做出砌牆的動作，就因為這夢遊的動作，最終把他早年埋藏的秘密洩露了出來。當我在讀到《連城訣》中這段關係全局的砌牆故事時，印象中對拆牆砌牆的形象極為深刻，甚至感到震撼，久久不能抹掉，直到多年後才逐漸淡忘。近年來研究上海和香港的城市文化與社會變遷，多次碰到建城牆和拆城牆的歷史資料，又勾起多年前在腦海中不斷浮現的拆牆和砌牆的形象。而且覺得兩個城市的拆牆和砌牆的故事，也同樣可以告訴我們許多埋藏着的秘密和文化變遷的歷史。

三、遊江與過海

在雙城生活的經驗中，令我印象深刻的事情頗多。但記憶之中的上海，最難忘記的是數年前一次乘坐輪船遊黃浦江的夜晚。坐在黃浦江中的小輪上看上海的兩岸風景，卻又別有一番景致。一邊是新開發的浦東陸家嘴，摩天大廈林立，但規劃整齊，明顯背後有建設的藍圖；而高樓的形狀和設計，又都現代新穎，指向未來。除了規劃性之外，浦東這種現代氣息與香港沒有很大差異。反觀浦西的外灘，入眼全是歷史建築，古黃的顏色、花崗的石牆，透視出昔日的繁榮與華麗。然而從這古舊的脈絡背後，卻又伸出一層層及一疊疊的現代高樓，顯示出那一邊也並不是一個完全懷舊的城市。

至於香港，我們也常常見到海水，特別是維多利亞港的海水。在地下鐵及海底隧道未通以前，我們只有乘搭渡輪過海。那時的感覺，是海水對這城市有很大的作用，既能分隔，又能連接。颱風的時節，輪渡停止航行，香港島和九龍就變成相望而不相即的世界；當船航恢復，我們又總不會覺得分隔很遠，只十數分鐘便可通達。現時多條海底隧道連接，坐車可達，再無分隔之感。然而，現在的香港人似乎就很少乘坐輪船渡海了。海濤依舊，但海水彷彿象徵着悠閒和觀光，不再是日常生活及功能的一部分了。我記憶之中的每天清晨從九龍過海到港島上班工作，黃昏時過海回家的日子，已經變成現代香港青年人的「史前史」了，直到最近因為維港填海的爭論，大家才又開始對海水注意起來。

四、兩個城市的城牆

現在的上海市，雖然保留了不少古蹟和舊建築，但卻找不到那原有的圍着舊城的城牆了。那舊時的城牆，環繞着上海老城，即租界時稱為「南市」，由清朝官員管治的地方。那古老的城牆是在一五五三年興建的，比清朝還要更早。根據史書記載，這城牆高有二丈四尺，圓周共九華里，有六度城門及三座水門，城堞箭台威武，護城河寬六丈，把城中居民和城外鄉郊區分開來。【一】一直到鴉片戰爭後租界還未發展之前，這環城的牆雖然不算雄偉，但還是上海最清楚可見的標誌。在十九世紀中葉以前，城牆不僅是城鄉的分界，也是繁華和樸素、熱鬧和幽靜的分隔。城內遠較城外來得繁榮和熱鬧，城中有道署、學宮、書院、寺廟、商店，街巷縱橫，牌坊林立，著名的私家花園如豫園、吾園、露香園及也是園等，均在城中，但罕見農田；居民萬計，戶舖輻集。但城牆之外，則屬於鄉郊地區，人口較少，文化水平也較低，多務農耕，日出而作，日入而息，生活簡樸而有規律。城裡城外，是兩個不同的世界。

至於香港古城牆的遺址，就更不易找了。據史書所記，曾經有「九龍城」，建於一三九五年，城周有三百二十七丈，有門樓、敵樓各四座，城門置大炮兩尊，作防倭之用【二】；又有東涌古城，高逾兩丈，有東西南三個門口，城雖不大，但亦有護城大炮六尊。【三】到了十九世紀中，因鴉片戰爭後英國人佔據香港島，故清政府在九龍城再興築

【一】關於上海建城的歷史，參鄭祖安：《百年上海城》（上海：學林出版社，一九九九），頁五。

【二】王賡武主編：《香港史新編》（香港：三聯書店，一九九七），頁三八—四二。

【三】Adam Lui Yuan Chung, *Forts and Pirates—A History of Hong Kong* (Hong Kong: Hong Kong History Society, 1990), p. 29.

城牆，設城樓箭垛，加強防衛，城牆延伸至山腰，居高下望，以監察海島上英人的動靜，此為後來九龍寨城之由來。[一] 然而，九龍城或東涌的城牆，雖有防衛守土的意思，但並不成為商農的分野，也不成為繁華及樸素的分界線。到了後來，九龍寨城的圍牆，更多地象徵着中英兩個政府權威的角力，以及管治合法性的爭議和界限。

（一）拆牆的爭論

到了二十世紀初期，上海和香港的城牆都先後拆除，餘下的只有舊地圖上面的標記而已。香港東涌古城何時湮沒難以追查，只在寂寂無聲中消失了；而九龍寨城那一闋城牆，從來也難以發揮其防衛外敵、分隔內外及判別城鄉的作用。反之，城牆下面逐漸建立起來的一個地下隧道中的不受規範及不被管束的世界，卻慢慢變得活躍起來，產生許多為人津津樂道的傳奇故事。[二] 當上面的城牆被日本空投的炸彈炸毀時，大家也不會為破碎的牆垣感到憐惜。直到七十年代香港政府把所有剩下來的城牆清拆乾淨，大家就只能在老照片中去認識九龍的舊城牆了。

上海的舊城牆也是在二十世紀初拆毀的。然而，上海的拆城卻帶來頗大的哄動和很大的爭論。從清朝末年鬧到民國初期，社會上分為兩大派系，一派主張拆掉城牆，因為它阻礙現代化，防礙交通和商業發展；[三] 一派則主張護牆，因為它給予上海城市文化身份和性格，是上海歷史的重要部分。【四】這場爭議延續多年，最後在民國成立後才由上海政府和一眾本地領袖決定拆卸。李平書記述拆牆之情形如下：（一九一一年）「十月初四日（十一月二十四日），余召集南北市紳商於救火聯合會大樓開會，余痛陳拆城之有利無害，謂：今日時機已至，欲拆則拆，失此時機，永無拆城之望矣。是否主拆，請公決！時到者二千餘人，在席商團千餘人，救火會員七百人，同聲主拆，於是全體贊成，表決主拆；余即告陳都督，都督命速拆勿遲。商團及救火會員各自出資，星夜購具，翌日先將大小東門拆動，無人反對，不旬日而全城盡拆矣。」【五】顯然地，在上海拆牆雖然受到一些

【一】Elizabeth Sinn, "Kowloon City: Its Origin and Early History", *Journal of the Hong Kong Branch of the Royal Asiatic Society*, vol.27 (1987), pp. 30-31.

【二】Jackie Pullinger (1989), *Crack in the Wall: The Life and Death of Kowloon Walled City*. London: Hodder and Stoughton, p. 13.

【三】主張拆掉城牆的人有李平書和姚文枏等，見《上海縣續志》卷二，又參鄭祖安：《百年上海城》，頁六—八。

【四】反對拆牆和主張留城牆的有姚文棟等士紳，姚文棟和姚文枏是兄弟，見鄭祖安：《百年上海城》，頁六—八。

【五】李平書：《李平書七十自敘》（上海：上海古籍出版社，一九八九），頁六二。

阻力，但大多數人在求新及重商的前題之下，對保留城牆不再堅持了。至於香港，更是對舊城牆的記憶，都不容易找到存在的空間。大概只有在北京和西安等帝都皇城，拆牆和保留城牆的爭議還在繼續下去。

（二）沒有圍牆的城市

如今，港滬雙城的舊城牆，只餘斷垣殘磚，二者都算是個沒有圍牆的城市。而雙城之商貿、交通、資訊、人流，都越來越自由，越來越方便，越來越容易。沒有圍牆的城市，不單止減少了空間上的、物質上的阻隔，還提供給市民更開闊、更廣大和更多元的自由度與創意空間。然而，從拆掉圍牆到通出去和連接世界，不完全靠着思想的翺翔，還需要一些重要的媒介。在當代，這些媒介包括電訊網絡（尤其是互聯網）、飛機、電話、傳媒等等。但在十九世紀末和二十世紀初正要拆牆的時候，最重要的通往世界的媒介是跨越海洋的輪船。遠航的輪船，運貨和載人之外，還把中國帶入現代西方世界，把西方思想及商業文化也帶來中國，對沿海城市的衝擊尤其厲害。上海和香港的城市文化，都因伸向海洋而起了重大的變化。下面要說的就是海水與近代都市文化之關係。

五、海潮音與城市風

上海和香港，城如其名，近海臨港，坐落在海洋邊上。這兩個「海濱之城」，我更喜歡叫它們做「海濤城市」，其城市發展、經濟轉型及文化變遷，莫不與其海運、海灣、海堤息息相關。其所呼吸之文化空氣，與潮興潮落，潮漲潮退，緊緊相連。當蒸氣輪船從大海的水平線上出現的時候，這兩個城市的歷史就相應地進入了新頁。

（一）水鄉與海洋

港滬雙城和北京、西安及重慶等內陸城市不同之處，是對海水的熟悉。本來，地處江南水鄉的上海，本身就存在着靠水依水的傳統文化。眾河貫江，再由黃浦江出海。河江之外，還有運河和許多的人工水道，為了灌溉和種植，也為了日常交通的方便。整個長三角（長江三角洲）就如一幅被縱橫交織的水道編織出來的布。【一】許多上海人日常都靠船隻

【一】關於上海早期的江河和水道，參伊懋可（Mark Elvin），“Market Towns and Waterways: The County of Shanghai from 1480-1910”, in Mark Elvin, *Another History: Essays on China from a European Perspective* (Sydney: Wild Peony Lit. 1996), pp. 101-102.

及舢舨往來的，而每天搗衣、洗濯也是依賴河水江流。然而，這水鄉生活可不同於那西潮帶來的及與商貿緊密結合的海洋文化。另一方面，香港河少山多，溪流湍急，並無江南水鄉般風景，但香港四周環海，當然更為熟悉海水。然而，早年的香港海洋文化僅有漁業和與漁民相關的文化，包括與海有關的天后信仰，而不同於後來的西潮帶來的商業的海洋文化。

（二）海洋和商貿文化

當大火輪絡繹於途並停泊在海灣之中或海堤之畔，這兩個城市的灣畔堤邊也相應地起了變化：棧房和貨倉建立起來了，銀行和公司開設在這個近海的地方，生意及移民也以此為集中地。人流、貨流、物流，莫不瀕海而生，也瀕海而旺。當我們整天聽到汽笛長鳴聲音時，就知道輪船貿易為這雙城帶來了商業，帶來了商旅和移民，也帶來了遠洋的或國際的關係和視野。以上海情形來說，一八四八年時只有一百五十九名外國人和二十四家洋行及二十五間商店，但到了一八七二年，已增加到一千六百六十六名外國人，三百四十三家外國洋行。經過短短二十餘年，外灘一帶，已然是「洋房林立，洋人往來，外國輪船貨物運來運往的中外貿易繁盛之地」。【二】在香港而言，則是上環及中環的熱鬧和迅速發展。一八四七年，根據記錄抵港的輪船有六百九十四艘，載重二十二萬九千四百六十五噸，但

到了一八九一年，到港的輪船增加至二萬六千九百五十三艘；而在二十世紀初，更大增至三十萬艘之多。[二]

在這兩個「海濤城市」中，由於上海離開大海相對較遠，故此更能夠看到海濤拍岸的過程，及其帶來城市文化的轉變。上海原來已經有其江南水鄉的地方文化，雖有海舶沿（黃浦）江而入，但海濤聲並不多聞。到了近代開埠之後，海舶雲集，汽笛長鳴，黃浦江頓然成為通海之道，大型輪船雖停於外海，但小輪、客船、躉船皆沿江而進，帶來「外灘」的興起與繁榮。輪船一至，整個「外灘」就動起來了：做買辦的，進出口的，運貨物的，還有做銀樓的，開旅館的，拉手車的，跑新聞的……繼而西式建築紛紛建立，外國文

【一】 李長莉：《晚清上海社會的變遷——生活與倫理的近代化》（天津：天津人民出版社，二〇〇二），頁二一一。

【二】 *Hong Kong Guide, 1893*. Hong Kong: Oxford University Press, reprint, 1982, p.45; for the increase in the number of ships arrived and in tonnage in the early 20th century, see Jung-fang Tsai (1993), *Hong Kong in Chinese History: Community and Social Unrest in the British Colony, 1842-1913*. New York: Columbia University Press, p. 34; for a brief description of the Central District and other areas near the Victoria Harbour, see Joseph S. P. Ting (ed.) (1999), *City of Victoria*. Hong Kong: Hong Kong Museum of History, 2nd edition, pp. 12-71.

化接踵而至，包括以海為主的活動及體育運動如划艇、滑水、游泳、賽船等。總言之，海洋文化走進了黃浦江，成為上海走向現代的明顯標誌。清末李維清編纂之《上海鄉土志》有云：「浦中帆檣如織，煙突如林。江畔碼頭銜接，工人如蟻；上下貨物之聲，『邪許』不絕。南則帆船停泊，航行內地而納稅常關；北則輪船下碇，往來長江一帶及南北各埠，而納稅於新關。其巨者航外洋，泊吳淞口外。蘇杭有小輪通行，碼頭在美租界吳淞江之北岸。」【一】

至於香港，本來港島的南端才是早期帆船停泊的地方，但英國人佔領之後，即開發維多利亞港，造碼頭，築堤堰，由於水深，可供大輪船停泊，故此上環、中環一段海畔，頓時洋房林立，車水馬龍，儼如上海外灘。【二】

然而，現在的城市不再依賴海洋和輪船了，新的資訊，新的衝擊，新的旅客和新的文化，都從不同的渠道而來，例如藉着飛機或電子媒介，而不一定要依賴輪船和海水了。正因如此，「海潮音」不再是塑造文化和風氣的重要途徑了，外灘也罷，維港也罷，它們在城市中的定位和意義也就有新的變化，這才是我們應多加思考的地方。

六、餘論：兩個城市的文化向度和歷史記憶

一個城市的發展，如人生，如社會，有它的過去、現在和未來。如果用心理分析角度去看一個人的成長和發展，那麼其人的「過去」——特別是兒時及早年的遭遇，會給後來的性格和事業的發展帶來很重要的影響。其實，一個城市過去的歷史，對於這個城市的性格塑造及社會發展同樣是相當重要的。只不過現代城市中的居民對於這種歷史意識，因地而異，因城而異。有些城市的歷史記憶特別濃烈，就算一個外來的旅客，也可以即時感受到這座城市的「過去」。換一種說法，是這個城市的「幽靈」還存在於這座城市的多個角落，叫人處處可以碰到。前幾年的西安和洛陽，甚至北京部分的城區，都給人這種「歷史感覺」。但中國也有一些城市，充滿了當代氣息，處處是未來發展的工地，不再嗅到歷

【一】 引自黃葦、夏林根編：《近代上海地區方志經濟史料選輯》（上海：人民出版社，一九八四），頁一七七。

【二】 See *Hong Kong Guide, 1893*, p. 45; also Lambert Kwok (1983), “Retail Business in Central and Western District”, in *Our Central and Western District: The Central & Western District Festival Commemorative Bulletin*. Hong Kong: Central and Western District Office, pp. 68-74.

史的味道，例如深圳。如果把上海和香港這兩個城市放在上述的框架內去比較，我個人認為，上海人的歷史意識較重，往前看的同時，也往後看；而香港人的歷史感則較為薄弱，只愛看當前和將來，不喜歡往後看。下面舉實例來說明這兩種城市文化的不同的向度。

在上海，正如我在引言中已經說過的：在黃浦江心向兩岸眺望，一邊是新開發的浦東陸家嘴，摩天大廈林立，但規劃整齊，明顯背後有建設的藍圖；而高樓的形狀和設計，又都現代新穎，指向未來。除了規劃性之外，浦東這種現代氣息與香港沒有很大差異。反觀浦西的外灘，入眼全是歷史建築，古黃的顏色、花崗的石牆，透視出昔日的繁榮與華麗。然而從這古舊的膊絡背後，卻又伸出一層層及一疊疊的現代高樓，顯示出那一邊也並不是一個完全懷舊的城市。

而坐在天星小輪上看維多利亞港的兩邊，只見到高聳入雲的摩天大樓，玻璃包裹着的商廈，以及爭妍鬥麗的各式各樣的廣告招牌。香港的「現在」，是非常「現代」的，很難看到絲毫歷史的色彩。回頭看九龍東邊舊機場（啟德）和西面新的「文化」發展區，不過是一片平坦的工地，「未來」尚在腦海構思之中。但我幾乎可以肯定的是，在這個城市的不同人的不同構想裡，「未來」都不會和「過去」相連，不會與歷史相關。

上海人對浦西的重建和再造，特別是對外灘古建築群的保留，顯示出這個城市的歷史意識是遠較香港強烈的。當然，這是由於上海過去有一段光輝的歲月和值得上海人驕傲的日子。上海人對以前這段歷史，尤其是二十世紀初期的繁榮，留下深刻的記憶。當時的上海，是商業之都，也是文化之都，向全國輻射她的魅力和影響。記憶和懷舊，實際上就是要恢復其昔日的地位及重要性。正由這種懷舊有其現實關懷的一面，它就不完全是歷史求真的考慮，換言之，「過去」不過是上海人用來打造「未來」的本錢。例如南京路的重建及「新天地」的開發，都是以三十年代的上海記憶去「重新想像」和「再造」的，而不是一種歷史的復原。

香港人對歷史建築和古蹟的保留，一直落在人後，到近十數年才稍為做了一點工作。由於過去的忽略，許多的有歷史性的建築物都已經拆毀不存了；像上海外灘那樣保留龐大的古建築群，對愛拆毀再全新建造的香港人來說，是不能想像的事。香港所願意保存的，往往是面積很小而又不妨礙大發展商大展鴻業的小工程而已。是否香港人沒有歷史記憶？不是的，但記憶中沒有華麗和輝煌可以提供未來的想像。在香港人的記憶中，這城市是一路蓽路藍縷，辛苦走來的，不像上海有着一段輝煌的過去，有着令人懷念及驕傲的歷史。香港人要懷舊，會想到二十世紀初期廣州的「西關大少」和三十年代上海的風情，而不是自己的都市文化。香港人懷舊是他地的舊，不是本地的歷經；香港人看現在比過去好，看未來比現在好，這種「進步史觀」一直以來就是這個城市文化的基調，直到最近才受到嚴厲的挑戰。

原文刊於梁元生、王宏志編：《雙龍吐艷：滬港文化之交流與互動》（香港，二〇〇七）

星滬之間：兩個城市的凝觀與反照

——十九世紀八十年代兩本遊記的解讀

一、引言

現代航空及電信科技，將新加坡和上海兩個相隔千里的現代亞洲城市聯繫起來。電腦、電報、傳真機和電話，每天的直航飛機促進了兩地商貿及各種公務或私人性質的聯絡。然而，在百多年前，情況卻非如此。直至十九世紀末，兩地的聯繫並不緊密。十九世紀的上海人根本不知道有南洋群島的存在，而當時的新加坡人（包括華僑），也很少關心上海所發生的事情。雖然，一些如P&O等船公司的商船，定期載着商品和乘客往返兩地，但深入的關注與交情仍未建立起來。由於當時新加坡是英國的殖民地，而在國際條約下，英國在上海亦是半個殖民者的身份，因此，往來兩地的客旅多為英國商人或殖民地官員。但直至十九世紀，生活在兩地的中國人是互不相干的。他們對對方的了解，都是從往返兩地的商旅和冒險家道聽途説而來的。直至十九世紀八十年代，兩地的中國人才更多注意對方，彼此有更深刻的了解。最後，彼此認識更成為世紀之交本土改革的經驗知識。

本章旨在比較分析兩位旅客的遊記，一位是從上海往新加坡的李鍾玨，另一位是來自新加坡到上海訪問的李清輝。他們都在十九世紀八十年代展開旅程，李鍾玨在一八八七年啟碇，李清輝則在一八八八年開航。他們都以較充裕的時間，開展了一段長途旅程，在兩本遊記中，展現了兩人在另一個城市的體驗與觀察。從他們的作品中，反映出他們對該地有深刻的觀察與凝視，而並非漫不經心的瞥視。一般遊記多着墨於該地的自然景色、歷史遺蹟、古玩，和一些吸引遊人的特色餐館及紀念碑。這兩本遊記當然也記錄了兩地的自然景觀及風俗人情，但是他們更多注意到兩地的社會生活、經濟發展及市政情況。在一個陌生又與本鄉沒有聯繫的城市中，究竟有什麼吸引他們的注意力呢？他們選擇到哪些地方遊覽呢？什麼是兩位旅客最感興趣的事情呢？這些問題都是旅客對「他者」的認識。但更重要的是，新環境、新事物及新想法也激發起兩人的自我投射及評價。這種衝擊誘發起兩位旅客的改革念頭，令他們更投入於所屬城市的社會及文化改革。這些改革拉近了十九世紀末兩個原來各不相干的城市的距離，並於二十世紀踏上相近似的軌道。

二、一八八七年李鍾玨訪問新加坡

李鍾玨，原名李安，但他為人所熟知的名字是李平書，一八五三年生於上海郊區寶山鎮的高橋。其父為儒生，曾中秀才。鍾玨不單繼承其父在儒學方面的志趣，更有志於中國醫術，喜愛搜集和種植中國草藥，及鑽研中國針灸之術。與同時代的青年人一樣，鍾玨為科舉考試埋首詩書，盼望能登進士成為高官。他曾入讀上海龍門書院，隨劉熙載研讀儒家典籍。一八七七年，鍾珏上京應試，結交同文館學生左秉隆、汪鳳藻、汪鳳池。【一】左秉隆出身於廣東的旗人家庭，其餘兩位汪氏兄弟則來自華東江蘇。他們建立了親密的友情並結義為兄弟，其後，各人奔赴不同的官府工作。左秉隆於同文館畢業後，在總理衙門任職初級官員，後領海外差役，出任中國駐海外大使。一八八一年，左代替原任的廣東商人胡璇澤（或胡亞基）出任清廷駐新加坡使節，翌年即抵達這個南洋第一大埠——英國殖民地新加坡。【二】

我們難以確定李鍾珏在一八八七年探訪新加坡以前，對該城市有何等程度的認識。但根據他曾研讀魏源的《海國圖志》及徐繼畬的《瀛寰志略》（兩本都是當時最時尚的海外地理書籍），便能肯定他對該地有基本的認識。加上他與左秉隆、汪鳳藻等同文館學生為好友，應該也熟識中國早期的外交大使斌椿和張德彝，這兩位同文館的資深前輩在外洋遊歷多年，皆曾親訪新加坡。【三】此外，在探訪星洲以前，鍾珏曾替上海一份本地報章任職助理編輯，該報十分關注中國及東南亞地區的商貿行程。【四】他亦會從好友左秉隆的私人書信中得到一些有關星洲的知識。不過，直至十九世紀八十年代初，鍾珏還未踏上他放眼世界的旅程。他渴望成為傳統的士大夫，在清廷中擔任高官。故在一八八六年間，三十三歲的李鍾珏便到南京參加會試，順利考獲舉人。等待官職期間，他收到清廷駐新加坡領事左秉隆的信，邀請他探訪英屬南洋。鍾珏遂接受好友的邀請，於一八八七年四月離滬往新加坡。鍾珏在新加坡停留約兩個月，享受友人左氏在中國使館中的款待，探訪不同的地方名勝及社區組織。他將所觀察到的情況及意見記錄成書，於一八八七年在星洲出版，名為《新加坡風土記》。【五】

【一】史洛：〈李平書其人其事〉，《檔案與史學》（一九九四年六月），頁四一—四七。

【二】參柯木林：〈左秉隆領事與新華社會〉，見柯木林、林孝勝：《新華歷史與人物研究》（新加坡：南洋學會，一九八六），頁一一五—一二四。

【三】他們在出使歐洲途中經過新加坡。見福建師範大學歷史系華僑史資料選輯組編：《晚清海外筆記選》（北京：海洋出版社，一九八三），頁一—四，又頁七—一〇。

【四】朱傑勤：〈新加坡風土記作者李鍾珏〉《亞洲文化》（*Asia Culture*），第五期，（一九八四年四月），頁三。

【五】李鍾珏之《新加坡風土記》最早於一八九五年在湖南長沙刊行，其後多次再版。本文採用者為新加坡南洋書局於一九四七據一八九五長沙初刊之原版影印，書前有許雲樵序。

三、李鍾玨眼中的新加坡

一八八七年一月，李鍾玨離開上海到了香港。由於李母突然生病，他的旅程被逼拖延了兩個月。三月，他再度揚帆出發，終於四月初抵達新加坡。到埠後得到摯友及結義兄弟左秉隆的熱誠款待，鍾玨在兩個月的旅程中，享受與好友相聚、在中國使館內的棲身食宿，探訪了很多地方，觀察了當地華人的生活條件，近距離地評價英國殖民政府管治下的社會經濟問題，還探訪了殖民政府的不同部門及不同種族的社群。但是，《新加坡風土記》並非以日記形式寫成，沒有列明旅程的日期及所發生的事情，卻以著作或小冊子的形式，介紹英國殖民政府管治下，中國人在當地的風俗及生活條件。

《風土記》從歷史地理出發，敘述新加坡如何被英國人發現，然後從馬來亞手上奪過來建立英國殖民地。接着是述及星洲的位置、它與中國的距離，及其鄰近國家，包括：蘇門答臘、柔佛和暹羅。簡述過星洲的歷史地理後，接着是介紹當地的五個族群，包括中國人、歐洲人、馬來人、美國人和東方人（包括印度人和暹羅人）。根據李鍾玨的介紹，中國人是新加坡中最大的種群，其次是馬來人。他在著作中，計算出一八八一年新加坡華人的總數為八萬六千零六十六人【一】。

根據一八八一年的人口統計數字，當時新加坡有華人八萬六千七百六十六人。其中的誤差可能是李氏無心之失，或是印刷時出現的毛病，但卻反映到李氏真的有參考過人口統計資料。

李氏又報告了英軍在新加坡的人力資源分配情況，描述了他們如何調配一千三百五十七人的位置。他亦討論到殖民政府的行政架構，包括：總督、秘書長、判官長、房屋事務秘書、稅務、地政、公共事務、保安及中國事務。【二】他也列出了各國駐新加坡的外交使節的名字，包括：美國、德國、俄國、法國、奧地利、意大利、丹麥、荷蘭、葡萄牙、西班牙、巴西、比利時、古巴、暹羅、瑞典和挪威等。【三】

李鍾珏當然將焦點放在新加坡華人身上。他首先簡介中國外使的歷史，這始自一八七七年郭嵩燾的建議，郭氏同時是中國第一位駐英大使。起初，中國駐外大使只有兩位成員，他們亦沒有來自清廷的財政支持。直至一八七九年，中國政府才將駐外大使視為

【一】李鍾珏：《新加坡風土記》（新加坡：南洋書局，一九四七），頁四。
【二】同上書，頁五。
【三】同上書，頁六。

外交的一部分，有固定的財政安排。【一】

鍾玨又以相當篇幅介紹新加坡的商業政策，尤其是華人商業社區的財經實力。他讚揚英國殖民政府的自由貿易政策，只向煙草和酒精徵稅。【二】他指出胡椒及甘密貿易是當時新加坡最重要的經濟命脈，胡椒貿易對新加坡的重要性，相等於茶葉、絲和棉對中國的重要性。【三】他繼續描述道，參與胡椒貿易的商人及種植者主要是中國人，且有些因而成為巨富。當時新加坡的首富，家財超過十億；就是次一等的富人，身家亦達億元。【四】鍾玨又觀察到海外的富有華人，都有意在中國政府中獲取官職，更重要的是他們願意付出金錢以換取特權與榮譽。【五】但在鍾玨眼中，那些歸信基督教的中國人則是難以駕馭的，他們並不順服於中國人的權威，更違反及污辱了中國文化。【六】就此，鍾玨稱許摯友左秉隆在華人社區推廣中國教育及中國文學的努力，他說：「近年，這兒有一次文化復興。」【七】

鍾玨又描述中國人在人煙稠密的大坡區上的生活及風俗：大坡是一片繁忙的商場，那兒有外國工廠、銀行、郵局及海邊格式一致的房屋，其中最繁華的地區是牛車水，那兒有餐館、劇院、妓院及其他污穢的元素。【八】有關賣淫業，鍾玨說道：「那兒有超過三千以上的賣淫業依附中國的外國保護權而生存，亦有一些是非法地來自廣東或當地華人社區。」【九】關於戲劇，那兒有由男士組成的團隊，亦有女士組成的劇團，分別以福建話、潮州話、廣東話演出。就鍾玨看來，戲劇的票價並不昂貴，因此吸引了很多普羅大眾。【一〇】接着，他又描述到那些餐館、小旅館及臨時住所，還有賭博、吸煙、園藝和獵虎等風俗習慣。

在《風土記》中，鍾玨最關心的事情有兩方面，就是苦力貿易和有效的西方制度。他首先報導那些中國苦力如何受代理商的不仁道對待。鍾玨認為他們是被誘騙才與代理商簽署合約，被逼像奴隸般做苦工。他們的生活條件極差，情況令人痛心。鍾玨呼籲公眾更多

【一】李鍾玨：《新加坡風土記》（新加坡：南洋書局，一九四七），頁六。
【二】同上書，頁七。
【三】同上書，頁八—九。
【四】同上書，頁九。
【五】同上書，頁一〇。
【六】同上書，頁九。
【七】同上書，頁一〇。
【八】同上書，頁一二。
【九】同上書，頁一二。
【一〇】同上書，頁一三。

關注此問題，促請中國及英國政府的地方官員遏止及打擊那些奸商。就鍾珏看來，駐新加坡的中國官員（例如他的好友左秉隆），已不斷嘗試改善情況，但英國殖民政府卻沒有與他們合作。【一】

不過，鍾珏也不是經常批評英國的制度及西方文化。事實上，在《風土記》中，他對一些西方的制度也作過相當正面的評價。首先是殖民地的防火系統，當晚上發生火災時，在皇家山上會有火焰警號通知市民；若在日間發生火災，則會懸旗在山上作警號。【二】其次是供水系統，蒸餾水透過金屬水管從西北高地輸送到城市。還有公路建設方面，全年都有建築計劃及維修工程開展。道路是寬敞而順暢的，橋以金屬和鋼鐵建成，比上海的橋堅固得多。【三】再者，關於學校和博物館，鍾珏描述當地大小的學府，讚賞那些博物館有助於學校教育及推廣知識。【四】最後是有關醫院，他說：「它們有別於中國的醫館，有時候，中國人不願意進入那些醫院，但是他們的行政制度優良，規制之善，固可倣行。」【五】

四、一八八八年李清輝訪問上海

李鍾珏逗留星洲期間，也許曾與李清輝相遇，因為李清輝是十九世紀末活躍於新加坡華人社區的商人及社區領袖。與其他早期的新加坡華人社區領袖相同，李清輝來自馬六甲，擁有baba背景。baba就是十八至十九世紀以前，在馬來半島落地生根的華僑。他們大多娶了馬來人為妻，在生活方式、習慣及日常用語方面都與馬來人同化。【六】有些baba（尤其是富裕的）會從中國僱用儒生為兒子的家庭教師，以期保存中國語言及教育傳統。李清輝正是生長在這樣一個家庭，當他長大後，更培養了對中國文化濃厚的感情。一八三〇年，清輝生於馬六甲，是振裕公司負責人李氏家族的第四子。李父育有八個兒子，是馬六甲及新加坡著名的商人及領袖。在文化習慣及喜好方面，清輝顯然與其他兄弟有所不同，他熱愛中國文學，學習書法及古詩創作，然而他的兄弟及其他家族成員卻主要是生意人。早在十九世紀初英國人登陸星洲不久，李氏家族便在新加坡開展生意。李氏的外父陳

【一】李鍾珏：《新加坡風土記》（新加坡：南洋書局，一九四七），頁一七。

【二】同上書，頁一二。

【三】同上書，頁一五。

【四】同上書，頁一五——一六。

【五】同上書，頁一六。

【六】海峽僑生社會，參John R. Clammer, *Straits Chinese Society: studies in the sociology of the baba communities of Malaysia and Singapore* (Singapore: Singapore University Press, 1980).

金聲（一八〇五—一八六四），是馬六甲華商及華人社區的領袖。【一】陳氏是早期新加坡最富有的商人之一，在太平天國之亂以前，已建立了與閩南商人的聯繫。李清輝的大兒子錫琅，亦在十九世紀六十年代，適藉太平天國餘亂時，在上海建立了一間商店，命名為鴻興。錫琅與其妻及幼子深木亦居於上海。【二】基於這種聯繫，李清輝便決定開展東方之旅，一方面探望其家人，一方面亦實現他個人對「文化中國」的追尋。一八八八年春夏之際，清輝離開新加坡，其間他曾到達西貢及香港，直至一八八八年五月抵達上海。

五、李清輝眼中的上海

下午五時整，清輝從汽船下來，乘馬車到達其兒子位於法租界的鴻興商店，清輝便在這兒度過了一個夏天。第一天晚上，清輝與上海的家人共同欣賞當地一個名樂團——丹桂園的演奏。接着，他跟其他遊人一樣，遊覽了靜安寺、申園、張園、城隍廟，還有很多風景名勝。他幾乎每天都把所遊覽過的地方及事件記錄下來。《東遊紀略》以日誌的方式寫成，函蓋了清輝在中國及日本遊覽過的沿海城市，但對於上海的描述卻比他地豐富。不過與李鍾珏的《風土記》相比，《東遊紀略》則顯得較簡略。

清輝在這次東遊旅程中，到了什麼地方及做過什麼呢？除了著名的花園及寺廟外，他還遊覽過以下地方：

- 同文館
- 有利銀行（商業銀行）
- 公和永（繅絲廠）
- 點可齋（印刷店）
- 道台衙門
- 仁濟堂（慈善機構）
- 清節堂（慈善機構）
- 善濟堂

【一】參林孝勝：〈十九世紀新華社會的分合問題〉，見柯木林、林孝勝：《新華歷史與人物研究》（新加坡：南洋學會，一九八六），頁六八—七〇。

【二】梁元生：〈李清輝與東遊紀略〉，《南洋學報》三十九卷，一—二期（一九八四），頁三四。

- 售賣造紙機的商店（Machine Ship for Manufacturing Paper）
- 水務局（Running Water Bureau）
- 涵盤園（浴室）
- 招商局（汽船及航運公司）
- 申報館
- 蘇州軍火庫
- 彰泉會館
- 徐家匯（天主教堂及博物館）
- 龍華塔
- 會審公廨

從清輝所遊覽的地方推測，他對傳統的事物與現代化企業同樣有興趣。傳統的亭台樓閣、中國式的建築風格、歷史性的紀念碑，都是清輝所酷愛的。但是他對新事物，如現代工廠、銀行、教堂、報章及西式餐館，仍表現出濃厚的興趣。他被國際條約所規定的割紙機及流水系統的效率所吸引；十分注視蘇州軍火庫中火藥及火鎗的操作過程；在徐家匯天主教區，他對各種事物，包括：溫度計、氣象台、電話、大教堂、油畫、地圖及圖書館，都十分感興趣。【一】由此可見，清輝並不是十九世紀中葉保守的星洲儒生，亦不是一個只求名利的商人，他是醉心於古典及現代化技藝的人。當然，他亦擁有一定的商人特質，就是他出生於商人家庭，而他亦對商貿機會甚感興趣。他亦結交到一些生意上有往來的朋友，他們來自新加坡、馬六甲、香港和上海，彰泉會館正是這些福建朋友相聚的地方。【二】

六、鏡子裡的投射：從凝視客體中尋找自我形象

筆者認為兩本遊記都是有價值的歷史文獻，讓我們認識到兩個在十九世紀發展迅速的亞洲城市的社會及經濟生活面貌，更深入地了解新加坡及上海在這個轉變迅速的時段中，其生活條件及城市發展。對於兩位遊客來說，這次旅程讓他們大開眼界，所接觸到的新環

【一】李清輝：〈東遊紀略〉，載《叻報》，第二一六二—二一八〇期（一八八九年二月十二日—一八八九年三月五日），收入梁元生：〈李清輝與東遊紀略〉一文之附錄，頁四一。

【二】李清輝：〈東遊紀略〉，見梁元生：〈李清輝與東遊紀略〉，頁四一。

境刺激他們的新思想及新印象。很自然地，兩人也被新事物及新環境所吸引。對於李鍾珏來説，這次旅遊不只是一種瞥見，他對人物、制度和環境的觀察是十分深刻的，我們可以用後現代的語法「凝視」來形容。就是李清輝的觀察和投射，有時候也是深刻而嚴肅的。更重要的是，這個紀錄不只是代表着對客體的單方面凝視，那些本鄉舊有的傳統文化與事物，仍常常存在於兩本遊記的意念中。作者多次將該地的事物與本土相關的事物作比較，李清輝的比較或對比傾向沒有李鍾珏那麼明顯，但是在他的旅遊日誌中，仍可看到與新加坡作參考及聯繫的地方。換句話説，這次旅程除了記錄他們對客地的凝視外，也記錄了他們對自身根源的投射。當他們望着他人，獲得新知識和吸取新資訊的時候，本地城市的印象和記憶過程亦會展開，一些面孔與印象便會並置在他們的意識中。

李鍾珏在他的《風土記》裡多次提及他的本鄉上海。以下是幾處例子：

（一）當他報告到新加坡的外交代表，聯繫到中國駐外大使的起源時，他批評外使對中國法律過程的干預。他特別指出上海聯合法庭的建立完全是一個歧視中國人的制度，在世界各處也沒有出現的。【二】

（二）他認為新加坡的餐館缺乏不同種類的食物，晚間公寓也不足夠，與香港和上海成了很大對比。至於在碼頭的接待處也有很大分別，乘客在香港和上海能得到很好的接

待，但在新加坡則要透過艇仔把乘客從輪船送到岸上。【二】

（三）他觀察到新加坡的公路較寬敞和順暢，而且也得到妥善的維修，而橋也是由金屬和鋼鐵製成，「看來比上海的橋堅固得多」。【三】

此外，鍾玨亦將新加坡的學校、博物館和醫療制度與香港、澳門、大陸的情況作整體的比較。透過這種比照，我們更了解到李鍾玨對中西，及傳統與現代之間的看法。

李清輝的遊記以直接和順序的日誌方式寫成，因此並不專注於比較。他沒有在日誌中提及新加坡的地方及習俗，但卻提及見到一些人令他想起新加坡。首先是他的家人，包括他定居上海的兒子、媳婦及孫兒，陪伴他東遊的弟弟清淵；【四】還有在彰泉會館的祖廟裡，他外父陳金聲和叔父李自西的墓碑。從清輝的日誌中，我們更了解到在太平天國之亂

【一】李鍾玨：《新加坡風土記》，頁六。

【二】同上書，頁一三。

【三】同上書，頁一五。

【四】李氏與新加坡永春會館關係，見陳荊和、陳育崧編：《新加坡華文碑銘集錄》（香港：香港中文大學出版社，一九七一），頁二二一。李氏兄弟生平傳略，見Song Ong Siang, *One Hundred Years' History of the Chinese in Singapore* (Singapore: Oxford University Press, 1967), pp.110-111.

期間，陳李兩家在會館中抵抗法國侵略的貢獻；【一】另一位他在上海見到的新加坡人是邱文川，清輝說他是在新加坡出生及成長，後任職於英國駐上海使館；另一位是來自新加坡的甘時雨，他已在上海居住超過十年，也到清輝的公館探望他；【二】他在上海又見到了來自檳城的黃如雨、黃如來兄弟，還有他在馬六甲的老朋友蕭丕謀的兄弟蕭丕烈。【三】不單止人物，就是這個新城市的景色與聲音也勾起他對新加坡及東南亞地區的聯想。例如他意識到上海在夏天的日照時間有十五個小時，比新加坡的日照時間長；【四】當他的朋友在晚餐桌邊吟誦詩歌的時候，他說道：「這實在勾起遊人的鄉愁。」【五】

這次到另一個新城市去暫住的旅程，究竟對遊人本身有多大的影響？我們難以從他們的著述中找到直接的證據，反映這次旅程對他們的生活與思想即時的影響。但是，接着幾年他們二人在上海和新加坡的社會及文化中的行動，亦能幫助我們估計這次海外旅程對他們的影響。

我們知道，李鍾珏後來躍升為在世紀之交的上海其中一個最重要的社區領袖。他成為上海城廂總工程局的主席，負責計劃及監督城裡所有的建築、交通及發展計劃。【六】在李鍾珏的領導下，城裡推行了一系列市政建設，包括擴闊公路、改善港口設備、擴充電力、水力及其他公用事業，其中不少是鍾珏在《風土記》中所關注的。

至於在新加坡的李清輝，他與家人亦成為了社區工作及市政改革的推動者。清輝更熱衷於推廣中國文化與教育，他和他的家族振裕號（Chen Yu）成員對新加坡儒學學堂的建立甚有貢獻，並於一八九六年在新加坡重新捐建萃英書院。【七】此外，清輝及清淵兩兄弟亦更活躍於新加坡的福建社區，他們在本地建立了永春會館，推廣本幫成員的福利及文化

【一】李清輝：〈東遊紀略〉，見梁元生：〈李清輝與東遊紀略〉，頁四一。

【二】同上。

【三】同上書，頁四四。

【四】同上。

【五】同上。

【六】史洛：〈李平書其人其事〉，《檔案與歷史》，李清輝：〈東遊紀略〉，見梁元生：〈李清輝與東遊紀略〉，頁四五；又參 Christian Henriot, Noël Castelino trans., *Shanghai 1927-1937: Municipal Power, Locality and Modernization* (Berkeley: University of California Press, c1993), p.10.

【七】李氏在一八六一年時只捐助十二元予育英書院，但在一八九六年則以振裕號名義慷慨捐助育英書院八百元，是陳憲章子陳金聲（Tan Kim Seng）捐助一千四百元後最大數目之捐獻，李清輝本人又用自己名義再捐了一百元及一百二十元，其弟清淵則再捐二百元。見陳荊和及陳育崧：《新加坡華文碑銘集錄》（香港：香港中文大學出版社，一九七〇？），頁二九四—二九六。

活動。顯然，當他們在星洲建立自己的會館時，數年前訪問上海彰泉會館時本幫人對他們的熱誠款待，想必仍然留在他們的心中。

無論如何，筆者認為，這次旅程的記憶對於他們來説並不只是一段旅遊記憶而已，亦影響了他們後來的行動。在兩人的遊記中，異地城市給他們的印象，成為往後幾年間他們的政治及社會行動的參照，這不是誇大的話。記憶對於他們而言，是一種以過去繪畫未來及塑造未來的動力和途徑。

原文為英文，載台灣出版《漢學研究》第十九卷第二期（二〇〇一年十二月），頁四一七—四三六

三條路線之間：城市史的不同進路

——以上海、香港、新加坡為例

一、引言：城市史學的路線和重點

近數年來，城市歷史及城市文化研究在中外學術界都備受注重，理論性的著作和實證式的研究均有出版，而且數量相當可觀。在中國，由於改革開放政策所促成的市場經濟的迅速發展，城市化的過程在中國全面地及急速地進行，許多城鎮日夜大興土木，築路建橋，高廈林立，經濟繁榮，市容改觀。而中國城市的數量目前已經達到六百之多，是全球城市最多的國家。因此之故，近年中國的城市研究甚為熱鬧，各種論文著作陸續出場，主要是配合城市規劃和經濟發展。換言之，此類學術論文及著作有非常濃厚的現實性和功能性，與當前城市建設及經濟發展息息相關。甚至在城市史的研究上，這種實用性也在很多地方表現出來。比方以上海的城市史研究而言，就有不少學術著作是現實主義帶動的，例如海港的研究和大小洋山港的開發有關，南京路、外灘建築的研究和浦西的發展與保存也有緊密的關連。許多歷史學者在重構二十世紀初上海的輝煌之同時，也帶着一種參與當前上海發展的心意，他們持着「以史為鏡」的態度，把早年上海東西交會、萬國雲集、世界商埠的大都會歷史，作為刺激當前及引導當前城市發展的動力和指標。在香港，「西九龍區」的發展，也帶動了老城區的研究和保存及發揚舊文化的討論。總言之，目前許多城市研究是以實用主義為出發點的。這一點，並不單止是中國當前城市研究學者的特性，在西方的傳統的城市研究中，尤其是在城市歷史的著作中，也多以經濟發展與城市規劃兩個範疇作為學術主流和研究重點。

在西方的城市史中，最為注重的是「工業化」（industrialization）和近代城市發展的關係。大部分早期研究西方城市的著作，皆以此為分析的主線，把西方資本主義的興起，與工業化建立密切相關的聯繫，而「工業化」帶來各種機器製造業及工廠的出現，一方面快速地提升了生產力，另一方面則需吸納大量勞動的工人，引起了從鄉鎮走向城市的人口流動。這些學者認為：大量工廠的興建，和大量工人的招聘和聚集，是現代工業城市發展的動因。換言之，工業化、近代化及城市化之間，有着極其密切的連帶關係。而此工業資本家和製造業工人階層的出現，也使近代城市的氛圍和性質，有異於古代和中世紀的傳統城市。近代工業城市居民的工作與生活形態，也構成了近代城市的社會與文化特徵。論者以為：美國的許多個現代城市的發展歷史如芝加哥、匹茲堡、基里夫蘭、辛辛那堤，以及近代的倫敦和東京，皆可從工業化這條線索去考證和分析。近年來許多中國城市的發展史，實在說來，也是一個不折不扣的工業化過程而已。

其次，西方城市研究中較為注重的是地理空間與城市建築的規劃和配套。「方位分析」（locational analysis）幾乎是每一本城市研究及城市歷史著作中必然包含的一個部分。論者主要是從地理學的觀點出發，去研究城市空間，包括了住宅和工作地的交通關係，建築物和人口居住的設計及社區的發展，而住宅的凝聚模式（clustering）更是近年較為多人注意的課題。除此之外，「方位分析」也包括了公園、遊樂場、運動場等休憩空間和城市居民的關係，都在此一研究範圍之內。近代美國大城市的市郊區（suburban areas）的發展，即城市和市郊的關係，就有許多論述是從地理方位與來往交通的角度去分析的。

再者，西方城市研究的另一重點是城市移民及其文化融合問題。在西方近代工業城市中此一問題尤為顯著，包括了本土移民及外來移民。就美國城市而言，本土移民大多來自中南部地區的農村，而外來移民則從歐洲（先是西歐，後是東歐）到近東，乃至十九世紀末從俄羅斯到中國，到日本和菲律賓，都有進入美國城市的移民。只有建築鐵路，以及在礦場和園坵工作的亞洲人，最初落腳於山區和邊鄙之地，後來才慢慢地進入城市。這些外來移民在大城市中造成的「市中之市，城中之城」（immigrant ghettos）的移民區及移民文化，是美國近代工業城市中一個明顯的特徵，而移民文化及其與主流社會之間的衝突和交融問題，也是研究城市史中一個重要的課題。

總的來說，我們可以從近年西方研究城市歷史和城市文化的學術著作中，看到三個重點：第一，是工業化與城市化的聯繫，第二，是對城市之地理空間（包括建築空間和休憩空間）的注重，第三，是移民文化及其變異問題（cultural creolization）。

這些重點，在研究中國近現代城市歷史和文化時，仍然有許多可供參考的價值，並且在個別的中國城市研究中也有已經採用其中部分觀點和分析架構者。在史堅雅（G. William Skinner）和依懋可（Mark Elvin）所編輯的有關中國城市研究的巨著中，不少文章也能反映出以上的三個關注點。但本文在下面要提出和討論的，卻是這三者之外的研究城市歷史文化的另外三條進路。

二、比較城市史的進路

在我多年來閱讀城市史的經驗中，較為罕見的是比較性的城市史學著作。個別城市的歷史研究，成就可觀，有些也做得相當深入。以近代中國城市來說，其中成果最為豐碩的是上海研究，研究的學者來自世界各地，數量之多，遠超其他城市，儼然成為「一家之學」（上海學）。其他城市也都各自吸引了一些研究者，例如北京、濟南、南京、蘇州、漢口、廣州和成都城市的研究，都有很好的著作。但是這些都是單一的城市研究，並沒有從比較的角度去進行考察。其他有關中國城市的著作，有包含許多個城市的，如張仲禮所編的沿海城市及沿江城市，皆屬於研究城市群或多個城市的，但只涉及城市類型和總體特徵，未有深入地進行比較。

我對比較城市史的興趣，來自一門課程的規劃，那就是「三城記——上海、香港、新加坡」，為了教好這門新課程，我花了幾年在實驗性教學之上。首先嘗試的是分開三個城市來教，即是教完一個城市的歷史，之後再轉向另外的城市。除了在引論和結語中稍為對三城的共性和特徵作了簡單的闡析，並沒有對三城作出深入的比較。其後，我嘗試用一些重要的課題為綱，把三城的發展歷史放在這個綱領之下討論，增加了比較的色彩。例如在「早期歷史」這一個課題下，不單可以敘述三個城市對外開埠的經過，也可以討論西方資本主義及殖民主義開闢東方的整體策略和野心，以及不同城市官民的反應。又在「城市建築」的課題下，我們可以從三個城市早期規劃與建築風貌看到許多共同特徵和相異之處，這都是單獨注目於一個城市時所未能領會的。又在「人口流動」的課題之下，我發現三個城市的人口增加，都與外來移民有非常密切的關係，都可以稱為「移民城市」，這一點與美國的紐約和芝加哥等近代大都會又有相同之處，可供東西城市互相對照和比較。

總而言之，在比較城市史的一個最為基本的要求，是找出一些相類或共有的課題，樹立起可供比較的綱領，再在綱領的範疇內進行比較。我在「三城記」一課中，先後嘗試運用兩套的綱領去討論和比較三城的歷史。第一套綱領是上文提及的那些課題，包括：「早期歷史」、「人口流動」、「城市建築」、「經濟生活」、「社會階層」、「政治權力」、「教育機構」及「民間宗教」等。第二套綱領採用了另一種分析和表述方法，主要是把三個城市分成幾度不同的空間（space）來進行比較，包括「地理空間」（Geographical Space）、「生活空間」（Living Space）、「建築空間」（Architectural Space）、「社會空間」（Social Space）、「文化空間」（Cultural Space）以及「神聖空間」（Sacred Space/Holy Space）（宗教）等。兩套比較的綱領雖然不一樣，前者比較具體，後者更多注重概念和分析，但二者皆需要先設定可以比較的綱領或課題，才不會使研究流於支離和瑣碎。

最為重要的，是在比較三個城市的歷史發展時，我發現比較史的進路，除了拿兩套或三套不同的資料放在一起去比較分析（compare and contrast），尋求它們的共性及殊性之外，還有另外一個層面，可以提供給學者新的思考角度，那就是城市和城市之間的聯繫、來往和互動（connection and interaction）。例如在探討城市的人口流動和移民問題時，我發現早期上海有不少來自香港及廣州的移民，包括買辦和工人，甚至也有來自新加坡的華人。相同的，香港城市的歷史發展中，來自新加坡和上海的移民也不少，而且對當地的商業、醫療和法律等做出了很大的貢獻。香港和上海雙城之間的人口流動，研究的成果較多，新加坡人在滬港兩個城市的歷史則還沒有深入的研究著作。為了進一步推行城市與城市之間的「聯繫性」與「互動性」的研究，我先後在香港中文大學召開了兩次學術會議，數年前就以「濱海之城——上海、香港、新加坡」為主題，鼓勵學者進行城市間之聯繫性研究，前年又舉辦了另外一次學術會議，更加直接地用「滬港雙城之聯繫與互動」為題，會議論文已於去年結集出版，名為《雙龍吐艷——滬港之文化交流與互動》。

三、公共／公眾史學的進路

第二條城市史研究的路線，是公共／公眾史學的路線。公共／公眾史學（Public History）這個名詞的流行，實際上是過去三十年間的事。主要是由於一群美國歷史學者的推動所致。這群歷史學者以加州大學聖巴巴拉的羅拔·凱利（Robert Kelly）為首，在二十世紀七十年代初期積極推行公眾史學，創辦《公眾史家》（*The Public Historian*）學術期刊（一九七八年），成立美國公眾史學理事會的全國性機構，又在不同的大學及研究院裡設立公共／公眾歷史課程，引起了大眾對這門史學的興趣。何謂公共／公眾史學？起碼有以下幾個不同的理解：

（一）應用的歷史（applied history），是為社會提供資源和解決問題的史學；

（二）是公眾的、大多數人的，是人民和群眾的歷史；

（三）是史學家出於對公共事務和集體利益的關注所做的歷史研究。

由於公共／公眾史學是近年才流行於史學界的概念，而且因為學者對它的定義和指涉，有很不同的意見，故此以第一義和第二義去看，便稱為「公眾史」，因為它是關乎大眾的、群眾的、一般人民的歷史，這條進路源自左翼的史學，對民眾生活和群眾運動尤為注重，在中國有很長的歷史淵源。雖然，在近年史學界中，公眾史已經不再全是從左翼思想及政治關懷出發，但是其重點仍然放在公眾和人民生活上面，而非帝皇將相身上，或哲人和思想家的腦袋上。

而用第一義及第三義者，則喜歡稱public history為「公共史」，意指此類歷史研究主要應用於公共事務範圍，最初應用於產權爭議、法律訴訟，乃至古物古蹟之保存與修復等等問題。其後泛指公共領域內之歷史研究課題，尤其是與地方傳統和社區研究有關之研究，包括寺廟、教堂、遺址、故居、碑銘、園林、族裔及社團的歷史文化等。這是Heritage studies的路線。

以上海、香港和新加坡三個城市為例，從上述兩條公眾史學路線入手的歷史研究，近年相當蓬勃。在三城中，社區歷史的起步，以新加坡為最早，這當然與其社區重建計劃，甚至分區的選舉政治息息相關。到最近數年，上海和香港的分區歷史研究也在陸續開展，不過許多也和區內的管治單位掛鈎，為區域內的經濟發展、文化旅遊或宣傳服務，如地區風物志的搜集和編訂便是一例。上海由於二〇一〇年是世界博覽會期，對城市的傳統文物和可以展出的歷史景點，都有許多學者研究，但欠缺的是一種宏大的敘述和連貫性的解析。這剛好與很多年前以大潮流和在大架構（例如西方帝國主義或資本主義入侵）去看一個城市或一個地方的歷史背道而馳。香港也由於市區重建或擴闊海港而引起了一連串的古屋拆卸和舊建築存廢問題的討論，加上「西九龍」文娛區的規劃和興建，都大大提升了公眾對市區歷史的興趣和關注。

正因為公眾史學帶來相當蓬勃的社區史、遺蹟和文物史的研究，導致一部分關心大局的歷史學者的憂慮，擔心這類的歷史研究會過於細化和碎裂，對公共事務和公共意識並無幫助，故此建言城市史和地方史可以從微觀的途徑入手，但應注目於有關公共利益的重要議題，如社會公義、人權及和平等。換言之，這批學者替公共史學多增加了一個定義，那就是從歷史研究出發去參與公共事務，歷史學者作為公共知識分子（public intellectual）為社會及公眾作出建言，扮演監察和智庫的角色。

四、文化研究的進路

最後，本文要提出供研究城市歷史和文化的學者參考的一條路線，是文化研究（Cultural Studies）的路線。對於文化研究這個詞的定義和方法，也有許多不同意見，但這並非本文所要討論的重點。我所要提出的，是文化研究及其進路，有相當創意思維和活潑性，能夠為研究城市文化及其變遷，提供一些參考價值。其實，不少歷史學者在敘述和分析城市歷史時，也有借鏡文化研究的一些觀念和方法。尤其是在書寫「新文化史」時，不少學者也會用上一些文化研究中常用的概念、詞彙和解析。雖然在多數的歷史學者眼中，文化研究更多時候是「機會主義」和「非歷史」的一門學術，更有論者認為它只靠着眩惑的理論和賣弄的語言花巧去包裝歷史和文化。

實在而言，文化研究的方法和路線與傳統史學是格格不入的。文化研究一向以「反傳統」和「非歷史」自居，並且標榜真理無定論，也宣稱沒有歷史的真實。它又鼓勵作者和讀者去主觀地感受和參與文本及事實的對話。這些特性在史學界中很難得到大多數人的共鳴和認同。但就我個人而言，文化研究的反傳統進路和創意思維，卻有參考的價值，而且往往從中得到新鮮的啟發。以下從幾個方面探討一下文化研究令我對城市史再思考時的一些看法。

文化研究常用的一個觀點，是「凝視」（Gazing），強調讀者或後來的人可以參與歷史現場，及體會事件發生時的感受。我在寫作〈星滬之間：兩個城市的凝觀與反照——十九世紀八十年代兩本遊記的解讀〉的文章時，就得到文化研究一些概念的啟發，從「自身」和「他者」身份互換的角度，以及從「本身之城」與「他者之城」的「對望」而產生對本地社會改革之意圖和行動此一線索去研究分析，頗有意想不到的效果。而文化研究對於民間文化和通俗文化的注重，尤其是從傳媒、文學及非檔案性的文本進行分析，對傳統史學也有增益補充之效。

此外，我目前進行的一項城市文化比較研究，也受了文化研究的一些啟發。那就是從「文化符號」去考察上海、香港和新加坡三個城市的政治文化與商業文化的衍生、演變和互動。我選擇了「城牆」和「海水」作為兩個代表性的符號，在三城中考證其有關的歷史，以及其和城市文化的關係。至於「城牆」部分的研究，差不多已經完成，從中透視統治權力和地方社會的關係，有從「建牆」和「拆牆」去討論新興城市文化（包括近代工商業和娛樂文化）所帶來對傳統文化的衝擊等。至於「海水」（船舶、碼頭和商業）在三城的發展，研究也正在展開中，相信不久就能有文章向大家交待。

五、結語

以上就我個人閱讀城市史學和個人在研究中國近代城市的經驗中，作出一點綜合性的看法。在替前輩學者作綜合時，我提出了三個意見，那就是（一）大部分的城市論述注重的是「工業化」和近代城市發展的關係；（二）以地理學和建築學為主的「方位研究」是解釋近代城市發展經過的主流；（三）移民文化及其與主流社會之間的衝突和交融問題，是近代工業城市發展的重點，也是研究城市史中一個重要的課題。這些綜合意見，並不能涵蓋所有城市史家的看法，但之所以被提出來討論，因為在我看來，這些意見對中國近代城市研究，仍然有很大的參考價值。

至於本文的重點，則是在於提出另外三條研究城市歷史和城市文化的路線，這三條進路——比較城市研究、公眾史和社區史研究，乃至文化符號的分析，都與我個人的研究相關。在此作一介紹，並非自以為高明，實在希望藉此向行內大家討教，敬希各位指點。

原文刊於上海社會科學院歷史研究所出版之《史林》（二〇〇七年四月第二期），頁一三二——一三六

第三部分

「之間」的文化

全球化與中國文化：一個反向的思考

一、引言

「全球化」（Globalization）作為一個公眾議題及學術研究的題目，是二十世紀八十年代以來的「熱點」。近十年來的關注，更由資訊科技及「地球村」的層面，到「全球經濟一體化」，再進而到政治體制的、文化的及教育的，乃至環境保護和全球生態的各個層面，都扣着「全球化」此一主題展開了熱烈的討論。正因此故，「全球化」一詞的定義也因開放和擴大而變得多元和複雜，並不侷限於市場和經濟的範圍。正如約翰·格雷（John Gray）在近著《錯誤的黎明》（*False Dawn*）中所說：「全球化可以作許多種解釋。在一方面而言，它指的是由現代科技帶來的工業生產和資訊流通技術，因超越疆界而向全世界傳播——包括貿易資金、生產和資訊。……（另一方面），全球化亦意味着幾乎所有的經濟體系都和世界上的其他經濟接連起來。」【一】總的來說，「全球化」的基本精神是「相互連接」（inter-connectedness）、「互相依賴」（inter-dependence）及「全球整合」（global integration），在經濟上、資訊上，甚至在政治上、文化上及倫理上建立更多的共性和相同的標準。【二】

更有甚者，近年「全球化論述」（Discourse on Globalization）也由正面地評價「世界

趨一」的機遇，而發展到「一體化的專橫和獨斷」的反面評析，充分表示出「全球化」現象的兩面性。【三】

本文承續近年的「全球化論述」，而專門從文化層面探討「全球化」中國的關係。有關的著述，其實已經開始，例如胡元梓、薛曉源主編的《全球化與中國》，【四】劉康、張

【一】 引自Joshua Ka-Ho Mak and Anthony R.Welch, *Globalization and Education* (Hong Kong: Hong Kong University Press, 2002), p.24.

【二】 這些方面的討論，見Nicola Yeates, *Globalization and Social Policy* (London, Thousand Oaks and New Delhi: SAGE Publications, 2001), John Wiseman, Global Nation? *Australia and the Politics of Globalisation* (Cambridge: University of Cambridge Press, 1998), Richard Worthington, *Rethinking Globalization: Production, Politics, Actions* (New York: Eter Lang, 2000), and Robert Went, *Globalization: Neoliberal Challenge, Radical Responses* (London: Pluto Press, 2000).

【三】 關於正反兩方面對「全球化」的分析，參Nicoloa Yeates, *Globalization and Social Policy*, pp.1-3, 5-9.

【四】 胡元梓、薛曉源編：《全球化與中國》（北京：中央編譯出版社，一九九八）。同年該出版社亦推出《全球化論叢》系列叢書，包括《全球化與世界》、《全球化的悖論》等。

頤武【一】及關世傑等學者的論文【二】皆是。

然而，本文從文化層面探討「全球化」與中國之關係，並非從一般的「接軌」或「回應」的角度出發。反之，是在「全球化」現象的發展軌跡之中，看中國文化如何逆向而行走向「全球化」發源地之西方國家，自成一走向「全球化」的系統，有別於以西方為中心的「全球化」。此逆向之發展乃本文探討之重點所在。

二、自西徂東：「全球化」運行的軌跡和載體

雖然近二十年有關的「全球化論述」，皆集中於二十世紀後半葉的科技與經濟發展，但從歷史的角度追溯「全球化」的起源及發展的軌跡，學者一直多追溯到十七、十八世紀西方資本主義的興起和殖民事業與商貿主義的擴張。更有進一步追溯到十五世紀的「地理大發現」和環球新航道的拓展。如李慎之在〈全球化的發展趨勢及其價值認同〉一文中所言：「到一四九二年哥倫布發現新大陸時，可以算全人類又互助知道了彼此的存在，因此，一四九二年是全球化的開始。」【三】還有少部分的學者甚至追溯到基督教在地中海區域的傳播，逐漸經歷以後數世紀的擴張而成為一個「全球化」宗教和文化。這幾種有關

「全球化」起源的論述，都是以基督教向全球擴展，或者是以西方科技文化或資本主義經濟為動力向全球傳播為中心，都可以說是以西方為中心的。

從這個角度看來，「全球化」是以西方為中心向外散佈的，是西方文化影響全世界的經過。換句話說，它的發展軌跡可以說是由西方到東方，即「自西徂東」。

當然，西方文化中的基督教信仰和資本主義經濟都有其內部的動力，促使其向外擴張和發展。基督教的宣教使命催動十多個世紀以來傳教士往外宣教的運動，尤其是十六世紀的天主教宣教運動和十九世紀的新教宣教運動。另一方面，資本主義經濟對勞動力和商品市場的需求，更成了西方殖民事業和海外貿易的主要動力。因此，西方商、政、教的信念和利益結合，形成了向外伸展、自西徂東的發展軌跡。

【一】劉康：〈全球化與中國現代化的不同選擇〉及張頤武：〈面對全球化的挑戰〉，收入汪暉、余國良編：《九〇年代的「後學」論爭》（香港：香港中文大學中國文化研究所，一九九八），頁引，四二，六七，七八。

【二】關世傑：〈全球化給中國文化發展帶來的風險與機遇初探〉，見《海峽兩岸暨香港地區當代文化變遷研討會論文集》（二〇〇二，n.p.n.d），頁六一——九四。

【三】李慎之文，見俞可平、黃衛平編：《全球化的悖論》（北京：中央編譯出版社，一九九八），頁一一三。

另一方面，西方文化的「自西徂東」，向全球各地擴張，除了內部動力，還有其科技發明及運輸工具，才可以使「全球化」持續性地發展，使全球聯繫可以不斷地繼續下去。至於東方各國，如中國、印度，也有向外擴張的時候，但這些擴張運動總是若斷若續沒有「持續性」的發展，故此沒有在近代成為「全球化」現象的主流方向。

「全球化」之「自西徂東」並且能夠持續不斷地進行，在近兩三個世紀之中，依賴的是幾種重要的科技發明作為輸送的工具或載體，十九世紀靠的是輪船、電報，二十世紀則依賴汽車、飛機、影視傳媒，晚近則是靠電腦和互聯網絡。無論是商品經濟或文化價值，都得賴這些科技發明作為載體，從一個地域傳送到另一地域，從西方傳到全球各地。

在「全球化」的發展之中，世界各地的距離逐漸縮短，東西方的社會和經濟也逐漸連接起來。而連接這個以往分隔開來的世界者，都是人類的科技發明。十五、十六世紀的新航路已經開始了這種連接世界的作用，像來往墨西哥及呂宋的商船，在十六、十七世紀所起的作用，不單止是運輸商品，作白銀和絲綢的交流而已。這些船隻對天主教在東方的傳播以及儒學的西傳這些文化上的重要交流，也有極其重要的影響。直至十九世紀機器推動的輪船時代來臨之後，其「航線」由西而東、由北到南，連接歐亞、橫跨太平洋及大西洋，而且年中多次往返，形成了連接世界各地的航運網絡，具備了「全球化」的雛形。【一】

在十九世紀後半葉的世界交通地圖上，輪船的航線和電報的網絡，明顯地把全世界大部分的地區聯繫起來。美國的東岸，航線和電纜經過大西洋連接歐洲，又經過加勒比海接連大部分的南美國家；一八六九年蘇黎士運河通航線中歐洲繞道好望角，經印度洋到東南亞，再連接中國沿海口岸和日本。在十九世紀中之後，美國和加拿大西岸又都有輪船，經夏威夷到日本、上海和香港再連接東南亞各地。

隨後電報電線的鋪設，由海底鋪設的電纜電線，在十九世紀六十年代開設，貫通歐美，八十年代接連全球、貫通東西，於是訊息的傳遞，指日可達，對於貨貿往來，經濟發展，都帶來飛躍的進步。到了二十世紀，更由輪船運輸，發展到汽車和飛機，地域與距離所達成的對人的分隔與藩籬，又再次縮短，加速了「地球村」的形成和全球的連接。到收音機及影視傳媒的發明，以及電腦的普遍應用之後，這個世界就再難以找到與世隔絕的「香格里拉」了。

【一】關於早期世界不同地區的聯繫和商業網絡，可參考Walter D. Mignolo, *Local Histories/Global Designs: Coloniality, Subaltern Knowledges and Border Thinking* (Princeton, N.J.: Princeton University Press, 2000) 一書的導言及第一部分的討論。

三、「全球化」對中國的衝擊和影響

毫無疑問，此一以西方為中心的「全球化」對中國近代的經濟撞擊和社會變遷，帶來極大的影響；不單如此，自西徂東的思想和價值觀念，也使二十世紀的中國文化，起了史無前例的革命性的變化。

上面我們提到把西方世界與中國連接起來的「全球化」運動的載體，主要是科技發明，尤其是在交通運輸及資訊方面的提升。在十九世紀而言，促使「全球化」的主要是火輪船和跨國跨洲的電報系統。這些科技發明和交通工具，成為「全球化」的載體，對資本主義經濟的自西徂東及全球擴張，扮演着重要的角色。輪船把西方生產的工業商品輸送到中國，引起近代化的「工業革命」，對小農傳統的經濟帶來嚴重的衝擊和破壞。但輪船回程所載的貨物，也有由中國出口的商品，包括西方人喜好的絲與茶。雖然商品來自雙方，然而，由於航線與貿易的機制和管理的方法，都基本上是由西方商人操縱的，故此「全球化」只能是西方經濟體系逐漸入侵和壟斷的過程，而非「雙向」的軌道。到了二十世紀，交通運輸由輪船進展為飛機，資訊革命由電報發展為電話、影視及近年的電腦媒體，所運載的就超過純粹的貿易貨品了，藉着這些載體輸入中國的，除了商品之外，還有各式各樣的西方價值觀和思想，對二十世紀初中國的「改革」和「啟蒙」，包括「五四」新文化運動，都有直接的影響。「五四」所鼓吹的「民主」與「科學」，都是西方的「舶來品」。之後中國的「馬克思主義化」，也應算是「全球化」及「西方化」過程中的一環節。

四、中國文化的「全球化」：一個逆向的發展

由於「全球化」的主要載體，即交通工具及資訊技術，及其所發揮的連接作用，基本上是「雙向」的交通而不是單方面的輸送，又由於大部分的西方國家操控了這些載體的功能和方向，以及決定了它們承載的內容，所以，把這兩個世紀中的「全球化」發展定位為「西方化」或「西方霸權的擴張」。倘若我們從這個角度去看「全球化」的話，那麼，就只有一個系統（西方中心）、一種軌跡（自西徂東）的「全球化」了。

如上所述，近代的「全球化」原則上是一個西方走向世界的過程，它的基調是全球「西方化」，而幫助「西方化」的運輸工具和技術也是源自西方和受着西方人管理和支配。在這樣的情況下，中國及第三世界的文化要逆向而行，走入西方世界，或擴展其影響至於全球，可謂絕不容易。然而，倘若我們不跟隨主流的論述，從另一個方向和角度看

「全球化」，不難發現一個歷史現象，即是中國及中華文化也的確在這個「全球化」過程之中及「西方化」主流之下，反向而行，走向西方，走向世界，「中國」和中華文化走向「全球化」的軌跡，為時甚早，到了近世紀則甚至透過西方所建立的經濟體系及交通網絡走向西方世界。

如果說西方中心的全球化由公元後數世紀基督教以及希羅文化在地中海地區擴散為開始，那麼，中華文化由東亞地區走向全球也在大致相同的時間開始，魏晉以還，儒學東傳，及於朝日，南平百越之後，中土文化進佔安南，在環中國海岸地區形成了儒教文化區；往後又透過商業網絡與通使往來，進一步把中華文化傳送到亞洲各地。【一】當然，中華文化之向外擴散，有時也和歐洲國家一樣靠着軍事力量，如元朝帝國的鐵騎和明朝初年的遠洋戰艦等，皆可成為中華文化走向「全球化」的配備與工具。然而，把中華文化帶動走向世界的最為重要的載體，卻是中國人，包括了商旅和移民。他們在不同時間及不同環境的條件之下，建立了一個跨出中國的宗族和商業的網絡，並且透過此一網絡把中國文化傳播出去，先是亞洲，其後至於世界各地。【二】這個把中華文化帶向全球的過程，不完全靠賴西方的運輸工具和載體，另外自成一個系統。

在近代以西方中心的全球化運動興起，發展到了亞洲之時，中華文化也在其走向全球的途中與之相遇，但並不因此而停滯或折返，反之，它卻利用推動西方全球化的載體，把中華文化與「中國」概念更進一步地推向世界。在十九世紀以西方輪船航線作為世界接連的時候，西方把中國看作其工業產品的傾銷場，輪船上滿載着西方的機器、棉紗、香煙及各種物品，下卸到中國沿海的口岸碼頭，但這些貨輪並不空船而返，載回歐美的是中國的絲、茶、刺繡，乃至其他中國產品。這些貨物不會把中國的商業文化西傳，但卻使西方人對「中國市場」更加注意，甚至在文化上，西方人的「獵奇」心理也大為增加。所以在與東方有貿易聯繫的大商港如倫敦、紐約和波士頓等，都有搜羅中國文化及藝術品的收藏家和博物館，成為日後中國文化走向世界的「橋頭堡」。

除了中國出口貨品之外，輪船又把中國的勞工和商人載運到世界各地。在東南亞、歐

【一】關於東亞儒教文化圈的形成和發展，最近幾年已有很多學者討論。如William Theodore deBary, *East Asian Civilizations: A Dialogue in Five Stages* (Cambridge, MA.: Harvard University Press, 1986)，盛邦和：《東亞：走向近代的精神歷程》（杭州：浙江人民出版社，一九九五），（韓）黃秉泰：《儒學與現代化》（北京：社會科學文獻出版社，一九九五）等。

【二】關於早期中國移民史的研究，請參葛劍雄主編：《中國移民史》六卷（福州：福建人民出版社，一九九七）。

洲、非洲及美洲，都建立了「華埠」或「唐人街」。他們也不是構成西方資本經濟體系的主要分子，原來出國或移居的意圖也並非協助全球化或經濟一體化，但是卻扮演着連接全球中華經濟及文化的重要的角色。這些海外華人社團和社區，把中國傳統的文化，包括價值觀念，風俗禮儀，經濟作業，乃至鬼神信仰，都由家鄉傳到外國，最初西方國家只視之為看不慣的「異類」（eyesore）及不願同化的一群，但他們在現代和當代西方社會，同樣有着輻射性的影響作用，把中華食譜、舞獅舞龍，甚至孔夫子和黃飛鴻，帶進西方的社會。換言之，中國文化走向世界，有由西方帶動的「拉力」，即吸引西方人的「中國市場」（China Market）和源自馬可．勃羅的「中國情結」（Lure of Cathay），也有由中國移民帶動的「推力」，即以「人口迸散」（diaspora）作為途徑。【二】

到了二十世紀飛行時代和電腦時代，雖然「全球化」的經濟和文化走向大致上還是依循「自西徂東」的軌跡進行，但中華文化逆向而行的機會和因素，卻大為增加，由於全球化「連接」和「雙向」的本質，以及操控和管理這些交通及輸送媒體的主權的變易，使得「中國」也因此而有了更多走向全球的工具和機會。換言之，輪船和電報，飛機、影視和電腦，不單是把西方文化和西方貨物帶到中國和世界各地的工具和載體，同時也是使中國文化擴散全球的載體。

許多西方商貿市場的策略家均以全球為推銷的對象，在這些全球化商品（包括文化商品如荷里活電影）的設計和包裝中，大量引進許多第三世界的資源，近年迪斯尼製作的電影《花木蘭》及《埃及王子》，都是明顯的例子。而在較為深刻的層面，中國文化在塑造「全球化」和倫理時，也扮演着重要的角色。例如幾年之前在德國天主教神學家孔漢思（Hans Kung）帶領下所製的《全球倫理宣言》（*Global Ethics*），就融合了中國傳統的儒家思想，對此，杜維明和劉述先等教授都有頗大的貢獻。【二】

總的來說，兩個淵源不同的全球化系統已然由相遇進一步到相融。未來世界的「全球化」體系，一定不會只是以西方為中心，而中華文化必然有它一席的位置。

原文發表於「全球化下中華文化的發展研討會」（香港，二〇〇二年六月）

【一】關於以移民作為中國文化全球化的載體的意見，亦可參考楊汝萬教授的論文。楊教授為全球化研究的權威，此方面之著述甚豐。

【二】其經過參見劉述先：《全球倫理與宗教對話》（台北：立緒文化事業有限公司，二〇〇一）。

科技與人文之間：虛擬網海與文化之舟

——兼論香港中文大學的文化網站和人文在線

前言

二十世紀末期的電腦資訊革命，不單止對經濟及產業方面帶來前所未有的挑戰，同時也對人類的社會生活、政治、文化，乃至思維方式及精神狀態，都有極大的影響。從資訊革命的科技面及實用面而言，由光纖、寬頻和電腦晶片所開出的「數碼世代」和「網絡世紀」的確是一個突破性的進步。由蒸氣到電力，由馬車、公路到輪船、火車、飛機，由郵遞、電話到電視、傳真，到電子郵件、互聯網（因特網）、萬維網，交通資訊技術和方法的進步及多元化發展，可謂一日千里與瞬息萬變。而這些變化又為人類社會帶來了翻天覆地的影響和變遷。

二十一世紀是個全球化及互聯網的時代。一個無邊際無國界的經濟體系已經形成，一個無邊際無國界的網絡文化也正在蔓延。這個新時代和新文化把距離和時間縮短，卻把接觸空間及創造思維擴大，增加了文化表達的多元性，並且豐富了文化內容的立體性。這個「賽博空間」或「虛擬空間」的出現，一方面帶來了「契機」（包括了「商機」），另一方面也帶來了「危機」。本文的前半段將會對這些契機和危機略作評說，尤其集中在人性之分裂與變化方面。有關網絡文化的研究雖然已經逐步開展，但仍然不多，尤其是網絡科技與人文學科和文化之間的關係，研究更僅只在起步階段而已。本文未敢對科技與人文此一課題作宏觀及全面的探討，除了上半段的評議，本文下半段所注意的只是網絡文化中的一個很小的範圍——有關人文教育的網絡（Website）和交流空間（BBS/chatroom）所能扮演的角色，以及從信息傳遞、資料庫、交流道以及創意空間等幾個不同的角度去介紹和評論香港中文大學所提供的電子文化資源及人文在線的運作和發展情況。

一、楔子

- 公元二〇〇一年

為了認識電子文化和其中的網絡世界，我嘗試「上網」，也嘗試進入不同的「聊天室」（Chatroom）。為了增加電腦知識，我幾次在電腦上按了「搜尋」鍵，在很短的時間裡，我就獲得了下列的一份書單：

Albarran, B. Alan and David Goff (eds.), *Understanding the Web*. Iowa: Iowa State University Press, 2000.

Dunlop, Charles and Rob Kling (eds.), *Computerization and Controversy: Value*

Conflicts and Social Choices. San Diego: Academic Press,1991.

Hiltz, Starr R. and Murray Turoff, *The Network Nation: Human Communication via Computer.* Cambridge, MA: MIT Press,1993.

Lyon, David, *The Information Society: Issue and Illusion*. Oxford: Oxford University Press,2000.

Turkel, Sherry, *Life on the Screen: Identity in the Age of the Internet*. New York: Simon and Schuster, 1995.

以上只是一些代表性著作，還有很多有關的書籍，不一一盡錄（部分見書目）；另外在網上又可以閱覽及列印許多有關文章，如Bruce Sterling的「A Short History of Internet」，只要按鍵如下http://www.well.com/user/hlr/vircom/index.html，即隨手可得；又或要讀Chuq von Rospach的文章「A Primer on How to Work with the Usenet Community」，鍵http://www.cis.ohio-state.edu/hypertext/faq/usenet-primer/part｜/faq.html即可。

至於整個系列的Computer Mediated Communication Magazine以及其中討論電腦與社會關係和網絡文化的文章，亦在手指揮動（http://www.december.com/cmc/mag/current/toc.html）之下，瞬間便可閱讀和列印。電腦和網絡之方便學習及攫取資料，經此身受其惠，感受極深。

- 公元二〇一〇年

我在電腦上找到了有關的書籍和文章後，就戴上一個連線到電腦的頭盔，隨即按下「登錄」的鍵。分秒之間，所有的資料皆收入腦波之中。我再輸入幾個「命令」和「主詞」，然後再按「分析」鍵及「寫作」鍵，論文隨即出現在屏幕上，並可即時印出。

- 由於寫作這篇文章時的「現在」仍然只是二〇〇一年，所以閱讀、分析及寫作，還得倚靠自己去進行。

二、數碼時代與網絡文化

電腦和資訊科技的發展，一日千里，連專家也感到要追隨其發展的步伐，需要付出很大的努力。作為一個關心科技對文化及社會的影響的人，當然對這關係重大的範疇不能掉以輕心。但無論如何，在這個瞬息萬變的領域裡，我永遠只能做個關心者和後隨者。在這領域中漢語界的工作者，不論是在台灣或在大陸，其實是跟得相當緊貼的。台灣在電子科技和資訊的發展，已在國際上取得了驕人的成績，而且在科技與人文關係之探討上也都走在前面。例如一九九九年文建會、宏碁基金會及中國時報就已經聯合起來，主辦過一系列以「科技與人文的對話」為主題的學術討論。至於中國大陸方面，介紹新資訊科技和探討其對社會文化的衝擊，也不落後於人。繼二十世紀九十年代中人民大學出版的《網絡文化叢書》七種之後，一九九九年北京大學的劉華傑又帶頭主編了一套《計算機文化譯叢》七本，把西方世界最新的有關著作翻譯過來。【一】除此之外，清華大學的曾國屏也幫助江西教育出版社編輯《三思文庫》之「賽博文化系列」；上海、西安、北京和廣州的世界圖書出版公司在二〇〇一年出版的「網絡文化叢書」等，也是推動這方面研究和討論的前衛著作。二〇〇一年一月，上海社會科學院、上海東華大學及上海三聯書店等七個學術和文化機構聯合發起，主辦了全國第一屆「網絡與當代社會文化」的學術研討會，更是對網絡文化與社會之關係作進一步學術探討的嘗試。【二】從這一系列的活動以及有關論著和譯著的出版看來，漢語學者對網絡文化的追蹤可以說是相當貼近的，而這種關注當然也事出有因。一方面是看到數碼科技帶來的可能性和機遇，另一方面也察覺到網絡文化會給人類社會帶來翻天覆地的影響。數碼時代與網絡文化的廣泛討論和不同意見的提出，已經是刻不容緩的事了。

從資訊革命的科技面及實用面而言，由光纖、寬頻和電腦晶片所開出的「數碼世代」和「網絡世紀」的確是一個突破和進步。由蒸氣到電力，由馬車、公路到輪船、火車、飛機，由郵遞、電話到電視、傳真，到電子郵件、互聯網（因特網）、萬維網，交通資訊技術和方法的進步及多元化發展，可謂一日千里與瞬息萬變。而這些變化又為人類社會帶來了翻天覆地的變遷和影響。如今單從數位時代的「網絡革命」來說，自互聯網建立以來，網上用戶及網址、網域的以驚人速度每天增加，在全球上不但成立了「賽

【一】這一系列的譯著，由北京大學科學與社會研究中心的劉華傑主編，一九九八年於河北大學出版社出版；包括：

（一）摩爾：《皇帝的虛衣：因特網文化實情》。
（二）鄧寧、麥特卡菲編：《超越計算：未來五十年的電腦》。
（三）巴雷特：《賽博族狀態：因特網的文化、政治和經濟》。
（四）羅林斯：《機器的奴隸：計算機技術質疑》。
（五）普拉特：《混亂的聯線：因特網上的衝突與秩序》。
（六）薩沙等：《大師的智慧：十五位傑出電腦科學家的生平與發現》。
（七）德克霍夫：《文化肌膚：真實社會的電子克隆》。

【二】關於是次研討會的介紹，可參向昆、奚建武：〈站在網絡時代認識網絡的社會文化價值——全國第一屆網絡與當代社會文化學術研討會綜述〉，見鮑宗豪編：《網絡與當代社會文化》，頁四三五—四五一。

博族群」（cybertribe）或「賽博國度」（cybernation），而且其成員仍在按分秒般迅速增長。【一】二○○○年六月，中國大陸的「網民」人數已達二千二百五十萬人，而電信網的總規模將達一點八億線，逼近作為全球最大電子通訊網絡的美國。【二】根據最新報導：二○○一年六月中國上網用戶已經達到二千六百五十萬，其中撥號上網佔百分之六十八，專線上網佔百分之十七。【三】至於中國「網民」常用的網站，根據二○○一年七月iamasia.com提供的資料，前十五名網站及其網戶如下：【四】

一、新浪sina. com. cn	四百六十萬六千
二、搜狐sohu. com	四百五十萬五千
三、163. com	四百零四萬三千
四、中國人chinaren. com	二百九十八萬一千
五、雅虎yahoo. com	二百三十三萬九千
六、微軟microsoft. com	二百一十萬七千
七、etang.com	一百九十九萬五千
八、163. net	一百九十三萬四千
九、263. net	一百五十六萬

一〇、中華網china.com	一百三十三萬一千
一一、fm365.com	一百一十一萬六千
一二、cninfo.net	一百零六萬三千
一三、myrice.com	一百零四萬九千
一四、msn.com	一百零一十一萬一千
一五、21cn.com	九十八萬

【一】網絡革命的起始，有些人會從一九六九年加州大學洛杉磯分校發展的ARPANET電腦連線開始，到二十世紀八十年代，美國已有Csnet及BITNET兩個主網，一九八八年又出現了NSFnet的高速電訊公路，把其他的地方網絡連接起來，是為Internet的開始。見威廉．米切爾：《比特之城》（北京：三聯書店，一九九九），頁一〇六。

【二】張華金：〈試論網絡文明〉，見鮑宗豪編：《網絡與當代社會文化》（上海：三聯書店，二〇〇一），頁四。而全球的互聯網用戶一九九六年不到四千萬，一九九七年增至六千八百萬，一九九八年達到九千七百萬，一九九九年超過二億。見潘濤：〈網絡經濟衝擊下的國際資本市場〉，同上書，頁二三四。

【三】朱文英：〈中國互聯網最新發展動態〉，《信報》二〇〇一年九月二十四日，頁二一。

【四】資料來自http://www.iamasia.com/presscentre/pressrel/pressrel_news.cfm?content_id=395。

除了中國大陸每日都在迅速增加的「網域」和「網民」外，台灣和香港也有大量使用漢語的網友，根據報導，一九九九年在台灣上網在Internet裡生活和遊蕩的青少年，平均每天就有二十萬人之多。【一】而另一處資料則說：一九九八年十一月台灣地區的上網人口有二百七十萬，香港約有六十—八十萬，新加坡則有一百萬人左右。【二】

才剛剛踏入二十一世紀，已經見到e-business, e-learning, e-culture, e-community以各種形式出現，並且對社會的傳統和規範作出了很大的衝擊及挑戰。一般來說，數碼時代代表着人類生活的進步與工作效率的提升，增加商機，節省人力，對社會產生多面和積極性的影響。

三、二十一世紀「殺人」網絡：人性的異化

關於電腦及Internet所帶來的各種經濟效益和資訊、教育的好處，這裡不再贅言。而網絡對文化、創作、藝術、媒體的良性影響，也有許多的討論。台灣連碁科技公司總經理吳作樂甚至說：「資訊革命引發第二次文藝復興。」【三】在這篇文章中，我所要討論的主要是網絡文化中的一個陰暗面：那就是人性在網絡中產生的「異化」問題，亦即是人性扭曲的情況。當然，網絡文化中有大量的色情網頁和犯罪詐騙等，帶來不良影響，已是眾所

周知。但本文並不擬討論這個明顯易見的範圍，或者如何管制這類網頁的問題。本文的討論將集中於網絡文化，尤其是網上連線交往對人性發展及變化的影響，或者更清楚地說：本文所注意的是現時的網上世界如何令人產生一些扭曲人性的傾向與行為。所謂「水能載舟，也能覆舟」，網絡科技對人文教育的挑戰可以帶來正面的良好影響，但也可以導致一些人性上的問題，如價值混亂、人格分裂、意義迷失等等。在網絡文化中生活久了的「網民」，特別是喜歡上網瀏覽及聊天的「網中人」，有些（我不敢說大部分，因為沒有具體的統計資料）會出現「非人化」的傾向。以下我根據一些學者對「虛擬社區」的初步研究以及自己上網的經驗，提出一些觀察：

（一）身份——「你是誰？」及「我又是誰？」

在「虛擬社區」中人與人的交往，建立在一個甚至多個不同的身份上。「網友」在「聊天室」所碰到的人，第一，不會輕易以真正身份示人，差不多都用代號；其次，許多

【一】陸群：《尋找網上中國》（北京：海洋出版社，一九九九），頁九。

【二】同上書，頁二五九。

【三】吳作樂及其他討論資訊科技對人文、藝術創新影響的文章，參張振益、漢寶德、李遠哲等：《科技與人文的對話》（台北：雄獅圖書公司，一九九九）。

人皆喜歡用多種不同的身份（multiple identity）出現。這種行為產生的後果，就是身份模糊。不但令到對方混淆，自己也有時迷失。以我自己的經驗來說，我用「真身」上網，不用代號，也不隱瞞身份，清楚向對方交代我的背景，包括性別、年齡、職業等。【一】然而在過去整個暑期中在網上與我交談過的數十名「網友」之中，沒有一個願意接受我「和盤托出」的真實，只有一人對我「稍為相信」，但最多只能說是「半信半疑」而已。大部分的「網友」以另外一個虛擬的身份出現網上，並不是真實的身份，甚至性別和年齡也是虛構的。李青編的《網造人》一書，記錄了許多「網民」不同的經驗，其中一則說到：「（網上）最親近的幾個朋友的性別對你來說是個謎，因為他們的綽號都是中性的，看不出性別，你也不敢問。」【二】縱然是問了，真能得到答案嗎？或者應該這樣說：能得到真的答案嗎？網上文化給人一種真偽難辨而又疑幻疑真的感覺，出現於網海中的人，也像參加化裝舞會般喜歡戴上面具或是喬裝身份。這種偽裝的人格（disguised personality）往往令交往的人混淆，但會給偽裝者一絲欺騙和新鮮的快感。但另一方面，這些人在網海中「沖浪」和遊蕩，豈不是要尋找可信賴和可以交流的朋友嗎？若一旦對此對象付出真誠與信賴，卻又往往會有想像不到的後果。廣州《羊城晚報》有下列這樣一則報導：「廣州一名中年失婚漢在網上發展一段『忘年網戀』，相約外出見面時，才赫然發現對方竟是自己的親生女兒。四十多歲的徐某任職於政府機關，多年前與妻子離婚後，便與女兒佳佳相依為命。半年多前，老徐以假名『大衛』上網結識了女網友『安娜』。安娜自稱是幼稚園教師，三十歲，很善解人意。……開始時，雙方只是閒聊，其後互生情愫。『安娜』很崇拜『大衛』學識廣博、穩重寬厚，而『大衛』則喜歡『安娜』率直純真的可愛性格。雖然老徐再墮愛河，但一直都沒告訴女兒，他不想自己的私事影響女兒學習情緒。經過半年多的交往，兩人相約見面論婚嫁。見面當天，徐某赫然發現在同一地點出現的女兒佳佳，與約定的『安娜』一樣拿着紅色背包、穿着灰格長裙，才猛然想起原來令自己魂牽夢縈的網上戀人竟是親生女兒。而佳佳發現『大衛』就是父親後，亦尷尬不已，立即轉身消失在人群之中，至今再沒回過家。」【三】這則故事充分表達了網民喬裝身份及其帶來的悲哀。然

【一】我在二〇〇〇年及二〇〇一年暑假期間，先後在雅虎、搜狐及新浪網上與不同「聊天室」內的網友作交流，主要在中國新浪網的北京站、上海站和廣東站。這些聊天室名目甚多，包括「城市聯盟」、「同一片天空」、「校園生活」、「男生女生」、「情感空間」、「遊民部落」、「個性天地」、「英語世界」等等。

【二】李青編著：《網造人：我們的下網宣言》（上海：世界圖書出版公司，二〇〇一），頁一一一。

【三】故事見《蘋果日報》二〇〇一年六月二十日網絡版之「兩岸國際」欄。

而，還是有許多的人用虛構的身份去追尋真誠的友誼和愛情。人間哪有這樣便宜的事？馬克．斯勞卡（Mark Slouka）如此說：「在虛擬現實的世界裡，嚴肅與荒謬總是被拴在一起的。」【一】這正是網絡文化的寫照。人性中如果存在着「求真」的傾向，那麼在「賽博空間」裡，他就算並非一無所得，也會容易混淆或極度困惑。因為「對真實性的尊敬來自對現實的尊敬，而要尊敬現實，又必須依靠一種與現實物質世界緊緊相聯的生活」。【二】

（二）規範──「自主」與「自由」

似乎大部分的電子文化評論家都認同網絡文化具有「開放」、「多元」和「平等」的性質。由於它沒有邊緣、沒有國界，所以是個極度開放的空間。由於Internet以高速把全球各地連接起來，模糊了地域和空間的觀念，尤其是對於使用英語上網的「網民」而言，這個又被稱為「比特之城」（City of Bits）的虛擬世界【三】，才是個名符其實的「地球村」。由於它是開放和多元的，因此也充滿自由和平等。數碼文化大師《數字化生存》一書的作者尼葛洛．龐蒂（Nicholas Negroponte）就曾經說過：「把比特推向大眾，即使是弱小孤寂者也能發出他們的心聲。」他並且認為「分散權力」、「全球化」、「追求和諧」和「賦予權力」這四樣是「比特文明」的特質。【四】

毫無疑問，網上世界沒有邊界，也沒有種族和性別的規限。它的確是個開放的空間。

傅治平說：「世界上所有的網站，除了關係國家安全的網站修了防火牆以防禦非法入侵者外，其他網站皆無一例外地對每一個網民門戶大開——其敞開度對誰都一樣大，提供的文化產品都一樣多。決不因為你是總裁，你是億萬富翁，你是專家學者，就有你專用的文化盛宴。網絡上每一種文化產品都具備『世界性』與『全民性』，不論貧富貴賤，不分男女老少，誰都可以盡情享受。」【五】傅氏更進一步說：「互聯網建立了一種無中心或非中心的『虛擬社會』，在這個『社會』中，信息的傳播與接受一律平等，使得文化霸權或文化沙文主義在互聯網上毫無市場，發不起威風。」【六】另外一位網絡文化研究學

【一】馬克．斯勞卡著，黃碚堅譯：《大衝突：賽博空間和高科技對現實的威脅》（南昌：江西教育出版社，一九九九），頁一五三。

【二】同上書，頁二〇〇。

【三】關於「比特城」的描寫和討論，可參考威廉．米切爾著，范海燕、胡泳譯：《比特之城：空間．場所．信息高速公路》（北京：三聯書店，一九九九），頁二五。

【四】轉引自陸群：《尋找網上中國》，頁六〇。

【五】傅治平：〈網絡時代的文化範式〉，見鮑宗豪編：《網絡與當代社會文化》，頁三〇八。

【六】同上書，頁三〇九。

者周武說：「網絡造就了一個無中心化的社會，在這個無中心化的社會裡，個人將因自己的自主性和創造性而獲得更大的自由。」【一】尤有進者，在開放、自由和沒有權威的情況之下，每個「網民」皆擁有「自主」的權力，即尼葛洛．龐蒂所說的「賦予權力」（empowerment）。在「賽博」的無中心無邊緣的開放空間中，沒有權威，沒有階級，而每個人都有隨意選擇的權力。這種選擇的自由可以更突出個性及主體精神，「袒露出自己的本性」。【二】尼葛洛．龐蒂進一步解釋說：「這裡的個人化，不僅僅是指個人選擇的豐富化，而且還包含了人與各種環境之間恰如其份的配合。……人不再被物役，而是物為人所役。在科技的應用上，人再度回歸到個人的自然與獨立，不再只是人口統計學中的一個單位。」【三】故此，論者曰：網絡文化或「虛擬社區」（Virtual community）具有「自由」、「自主」和「平等」的「公民社會」的特徵。然而，這不過是一廂情願的想法，也許只可以說是個「虛擬的現實」（Virtual reality），並不真確。網絡文化的確自由而開放，但並不是一個理想的「公民社會」，反之，開放與自由往往帶來放縱，隨意選擇的權力往往表現出來的是「自我」而非「自主」。網絡上的自由和放縱，小者如隨意欺騙和語言暴力，大者有網上犯罪如誘騙、泄密、侵佔版權，以及發佈真偽難辨的新聞，危害公眾社會安全等。網民之所以會變得容易放縱及不顧社會規範，主要是錯認「賽博空間」為一無秩序無規範無約束的絕對自由的空間，本來在現實社會中要遵守的秩序和規則，到此皆可來個大解脱和大釋放，一概置諸度外。正因此故，一個受過高等教育的人，可以在網上用上最不堪入耳的污穢言詞破口大罵，一個平時行止端莊的女士也會在網上使用出軌甚至勾引、詛咒以及刻毒的言詞，因為一方面是自己沒有明示身份，另一方面是由於這個無序無規範無權威的「自由」環境的引發和誘惑。網上騙情，網上賭博，網上色情，比比皆是。根據一項美國的統計估計：二〇〇〇年美國的色情網站達到三萬至五萬個，而這些色情信息的傳播最常用的旗號便是言論自由和網絡民主。【四】若果我們稍為留意一下「聊天室」內時常出現的一些「網友」的名字（當然是假名或代號）如「花妖」、「一夜風

【一】周武：〈因特網「無中心化」趨勢的加強及其對個人自由的意義〉，見鮑宗豪：《網絡與當代社會文化》，頁一三一。

【二】傅治平：〈網絡時代的文化範式〉，同上書，頁三一二。

【三】引自南帆：《雙重視域：當代電子文化分析》（南京：江蘇人民出版社，二〇〇一），頁一四九。

【四】陳超南：〈網絡傳播中的民主與支配〉，見鮑宗豪編：《網絡與當代社會文化》，引自南帆：《雙重視域，當代電子文化分析》（南京：江蘇人民出版社，二〇〇一），頁一四九，頁一五七—一五八。

流」、「大惡魔」、「等待強暴」等等，[一]就可想見網中人的「放縱」傾向了。

四、虛擬網海中的文化之舟

雖然我在上文中用了相當長的篇幅去描述和分析網絡文化的陰暗的一面，但我不會像一些作者（例如李青）般把它視為「幽靈王國」或「痞子世界」。[二]電子文化、網絡世界或「賽博」空間，有它的進步性以及存在的價值和意義。然而，如何在此一無邊緣又無中心，無權威又無規範的「網海」裡作一些積極的工作和貢獻？這是值得我們每一個文化工作者及教育工作者思索的問題。

我把這個「賽博」空間（cyberspace）稱為「網海」，而不沿用「虛擬社區」（Virtual community）或「賽博國度」（cyber-nation）、「賽博族群」（cyber-tribe）的觀念，是由於本文強調此一空間之「懸浮性」、「危險性」及「吞噬之可能性」，猶如怒海。其實，在網絡語言中已經有matrix, navigate, surf的術語，皆以海洋喻意網絡，matrix為一「縱橫交錯的矩陣，也是漆黑一片、深不見底的海洋」。[三]當然，navigate（航行或領航）、surf（沖浪）等詞亦是航海用的詞語。那些只在網上漫遊、尋樂的網民，即如於海中游弋、嬉水者。在瀏覽及留連多時之後，若是一無所得，徒誤光陰，或者更是如上文所說那樣玩物喪志，人性沉淪，此為海中陷溺無助者也。然而，亦不少上網者為了尋找目的與意義而來，為了避免人性的沉淪與陷溺，為了有助「網海」中人尋找「彼岸」，我們不應像李青那樣決然「下網」上岸。反之，我們有必要停留在此「網海」中，尋找或製造救渡的方舟。換言之，我們需要在認識與認同網絡文化的前提下，以網絡作為媒介展開積極而正面的文化建設工作。也就是說，我個人的基本立場是：人文並不排斥科技，科網雖然有其可怕可慮的地方，但實質上也可以幫助人文及文化的發展與創新。

如何在網海之中建設文化之舟，一方面可供上網者蕩漾怡情，觀覽風景，另一方面又可作為渡洋工具，達到目的（彼岸）？換言之，撇開經濟方面的打算而言，網絡文化具有消閒與實用的雙重功能，這是關心網絡文化者所要面對的實際考慮。

目前中國大陸及港台的許多中文網站都已經在文化和教育方面做了不少的投資和開發

【一】李青編：《網造人：我們的下網宣言》，頁一〇一。

【二】同上書，頁一八、頁二六。

【三】陳潔詩：〈女性與科技文化〉，載於張妙清編：《婦女與資訊科技》（香港：香港中文大學亞太研究所性別研究中心，二〇〇一），頁一一二。

工作。當然有許多文化網頁是依附於商業網站之上的，例如香港的tom.com及36.com等。當然更多人上網的sina.com（新浪）和163.com網站中，也有文化教育資訊或者相關的連接站。現時主要的中文搜索引擎和網站，開列如下：【一】

- 新浪 sina.com
- 搜狐 sohu.com
- 天網 pccms.pku.edu
- 雅虎 yahoo.com
- 常青藤 tonghua.com
- 我是野虎 5415.com
- 悠遊 goyoyo.com
- 搜索客 cseek.com
- 若比鄰 robot.com
- 網路神 webpro.com
- 美國世頁 globepage.com
- 中文查詢引擎 searchchina.com

- 華好網景 chinaok.com
- 網易 yeah.net
- 看中國 search.readchina.com
- 網現引擎 search.com

上面列出的僅只是中國大陸網站，還未包括台灣網站（例如openfind.com.tw）、香港網站（例如中文大學開發的「茉莉之窗」jansers.org以及上面提到過的tom.com和36.com等）及新加坡中文網站（例如「華頁指南」c3s.org.sg）。至於中港台的大學和研究機構，也都有自己的網頁和電子資料庫，為文化專家和學術研究者提供資訊與資料。這些文化網站的主要功能，可以歸納為下列四大方面：

（一）信息交流：網民在網上獲得有關消息，並透過連接站或電郵進一步把資訊傳遞開去。

（二）資料提供：網民上網的目的是查看資料庫，並且可以下載以便研究之用。

（三）索引搜尋：方便按題搜查資料，也有部分的資料庫會提供索引，方便研究和

【一】這些網站的背景和資料，可參陸群編：《尋找網上中國》，頁一六—二四。

分析。

（四）創意空間：這類主要是互動式的網站或網頁，在藝術和文學方面較多。

由於這些文化網頁都有明顯的規範，上網者多數帶着比較清楚的目的而來，故此稍為不同於上面討論的「網海」之中的「沖浪客」。他們主要是網絡中「聊天室」（BBS/chatroom）的使用者。在回頭討論此一課題之前，我想藉此介紹一下香港中文大學對開發網絡文化特別是人文文化這方面所做過的工作和貢獻。

五、香港中文大學的人文網站與人文在線

香港中文大學本身的網頁就具備了上面提到的信息交流及資訊連接的功能。在它的網頁上可以看到大學所舉辦的一連串文化和學術活動，並且透過接連器與其他網頁相連。而著名的「茉莉之窗」網站更是由中文大學製作的搜索網站，它和Goyoyo網站一樣，使用者可以按照書寫習慣輸入檢索請求，不用以空格將詞分開，茉莉之窗系統會自動分拆其中有效的關鍵詞。茉莉之窗可連接五十五萬二千二百零三個中文網頁，內容極其豐富，因而榮獲一九九七年香港工業獎之香港工業總會消息產品設計優異獎。【二】此外，中文大學的

HKIX（Hong Kong Internet eXchange）網絡可以連線到不同的網站，而Eye on the World更可以聯網到各地報章、大學、出版社等，為新聞、文化、教育的資訊交流帶來極大的方便。

中大的文化網或人文網的最為重要的貢獻，還是在於為學術研究者提供網上資料，以供學者閱覽和分析之用。下面介紹幾個人文學科範圍內的重要資料庫網：

- CHANT 中國古典文獻資料庫　網址：http://www.chant.org

在電子資料庫方面，中大的中國文化研究所早在二十世紀八十年代已經着手開發，從事古籍整理、檢訂及索引等工作。這些中國古代典籍包括：先秦兩漢一切傳世文獻資料庫共八十一種，魏晉南北朝傳世文獻資料庫共三輯二十六冊，中國出土簡牘及帛書資料庫共九種，甲骨文全文資料庫共約六千字，以及開始不久的金文資料庫和古文獻英譯計劃。這些電子資料庫及相關的檢索、考訂計劃由研究所陳方正所長領導，參與工作的有資深學者饒宗頤、劉殿爵、孟大志等教授，中大不少中文系及歷史系教授如何志華、陳雄根、黎明釗等也參與其事。部分成果已經以電子光盤或其他形式出版，但自一九九八年始中國文化

【一】陸群：《尋找網上中國》，頁一九。

研究所得到香港政府研究資助局（Research Grant Council）的資助，分階段把歷年來所建的資料庫安裝於國際互聯網上，以便世界各地學者使用，此即www.chant.org之由來。現已上網的資料包括魏晉南北朝傳世文獻約兩千萬字，其餘的先秦兩漢傳世文獻、甲骨文全文資料庫、出土竹簡帛書文獻資料庫等也預算於今年內上網。

- 大學圖書館香港文學資料庫　網址:hklit.lib.cuhk.edu.hk

另外一個值得介紹及推薦的資料庫是「香港文學資料庫」，這是第一個有關香港文學的資料庫網，內容包括逾十六份香港報章的文藝副刊、近四十份期刊、六千多本文藝書籍，共六萬項條目。網上並且提供刊載於港台文學期刊中的研究文章及與香港文學研討會所發表的學術論文。除了檢索方便，網上還提供全文影像，以便查閱全文。

- 人文學科研究所之人文網　網址: www.cuhk.edu.hk/rih

中文大學的人文學科研究所成立於一九九一年，十年來對人文研究和文化研究推動不遺餘力。在一九九一至一九九七年第一個階段的五個發展計劃中，就包括了一個名為Humanities Computing的計劃，由關子尹教授負責。在此計劃下人文學科研究所建立了「人文網」，除了在網上為用家提供全球各地的人文科學網站和圖書館聯線外，自己也在網上提供一些專題的資料庫和討論廣場，例如關於康德（Immanuel Kant）、南京大屠殺、當代儒學等的資料庫。在一九九七年之後，人文學科研究所的發展進入了第二個階段，網絡文化更受重視，於一九九九年底在所內成立「數碼文化研究中心」，由王建元教授負責，專研電子文化與社會關係以及賽博空間內之文化問題。

除此之外，文學院各學系皆設有網頁，有些內容豐富，兼有連線設備；有些則比較簡單，只是提供資訊。其中中國文化研究所的「世紀中國」網頁、中文系之「博文」網頁及宗教系之宗教教育聯線網頁比較可觀。不過，這上面所介紹的網站或網頁，主要的作用皆圍繞着前述的兩個功能性目的：資訊交流和資料檢索。換言之，學者抱着特定目的而來，在中文大學網站中你會發現一些「文化之舟」，供你渡海到達「彼岸」。

在網上提供文化消遣或激發創意，我們還是做得很少。在這方面，我認為至少可以做的，有下列一些：

- 開發網上藝術館或畫廊（e-gallery）：把文物館、藝術館典藏上網介紹，可以做到真人參觀的3D影像效果；
- 開闢網上文學創作坊：鼓勵學生網上創作，如詩歌、散文、劇本和小說等，也包括和作家及教授對話；
- 開辦網上電腦構圖設計工場，包括視像開發（visual development）及電腦美術設計、動畫創作等。

總言之，我們應該投資和開發更多及內容更豐富的人文網頁，從多管道作創意的探索，使學生的創意能力得着發揮，在網上雖然消磨了很多時間但不至於浪費，也不至於整天在網海中沖浪漫遊而無所得。

然而，回到我在早段提出的也最關注的網絡文化問題，那就是網上BBS/Chatroom，即從聊天室文化觀察人性的問題。在中文大學的學生BBS/Chatroom或News group的網上交通中，同樣充滿了上面所說的一些人性扭曲或「異化」現象，雖然上網者皆來自同一大學，但隱藏身份、轉換性別、以假作真、破口大罵、粗言穢語、散播謠言的種種網上惡習，蓋不能免。當然，遇到投訴時則必須處理。如何使同學在網絡中發展出一種新規範和新倫理，作為交往的依據？如何把善用自由和尊重他人的觀念落實在網絡文化之中？這是當前需要面對和討論的議題。

原文《虛擬網海與文化之舟——兼談香港中文大學的文化網站與人文在線》最初在台北法鼓人文社會學院主辦之「第七屆現代化與中國文化研討會」中發表，後收入《科技發展與人文重建論文集》（台北：法鼓人文社會學院，二〇〇二），頁一一九—一三四

參考書目：

田欣主編：《網絡先鋒》。上海：學林出版社，二〇〇一年。
鮑宗豪主編：《網絡與當代社會文化》。上海：三聯書店，二〇〇一年。
李青編著：《網造人：我們的下網宣言》。上海：世界圖書出版公司，二〇〇一年。
陸群：《尋找網上中國》。北京：海洋出版社，一九九九年。
金枝編著：《虛擬生存：數字化的最終結果就是虛擬化》。天津：天津人民出版社，一九九七年。
漢寶德、張振益等：《科技與人文的對話》。台北：雄獅圖書公司，一九九九年。
吳作樂：〈資訊革命引發第二次文藝復興〉，同上書，頁四〇—五七。
南帆：《雙重視域：當代電子文化分析》。南京：江蘇人民出版社，二〇〇一年。
王學峰：《誰來網絡中國》。北京：中國青年出版社，二〇〇一年。
鍾朋榮：《網絡時代重構中國經濟》。鄭州：河南人民出版社，一九九九年。
陽光：《新浪模式》。瀋陽：遼寧人民出版社，二〇〇〇年。
陽光：《搜狐傳奇》。瀋陽：遼寧人民出版社，二〇〇〇年。

張妙清編：《兒女性與資訊科技》。香港：香港中文大學亞太研究所性別研究中心，二〇〇一年。

威廉·J·米切爾（William Mitchell）著，范海燕、胡泳譯：《比特之城：空間·場所·信息高速路》。北京：三聯書店，一九九九年。

德克霍夫（Derrick de Kerckhove）著，汪冰譯：《文化肌膚》（*The Skin of Culture: Investigating the New Electronic Reality*）。保定：河北大學出版社，一九九八年（Toronto: Somerville House Books, 1995）。

羅林斯（Gregory J.E. Rawlins）著，孫雍君譯：《機器的奴隸：計算機技術質疑》（*Slaves of Machine: The Quickening of Computer Technology*）。保定：河北大學出版社，一九九八年（Arts & Licensing International. Inc., 1997）。

馬克·斯勞卡（Mark Slouka）著，黃碚堅譯：《大衝突：賽博空間和高科技對現實的威脅》（*War of the Worlds: Cyberspace and High-Tech Assault on Reality*）。南昌：江西教育出版社，一九九九年（Arts & Licensing International, Inc. U.S.A., 1995）。

鄧寧（Peter J. Denning）、麥特卡菲（Robert M. Metcalfe）著，馮藝東譯：《超越計算：未來五十年的電腦》（*Beyond Calculation: The Next Fifty Years of Computing*）。保

定：河北大學出版社，一九九八年（New York: Springer-Verlag New York, Inc., 1997）。

巴雷特（Neil Barrett）著，李新玲譯：《賽博族狀態：因特網的文化、政治和經濟》（*The State of Cybernation: Cultural, Political and Economic Implications of the Internet*）。保定：河北大學出版社，一九九八年（Kogan Page Limited, 1996）。

普拉特（Charles Platt）著，郭立峰譯：《混亂的聯線：因特網上的衝突與秩序》（*Anarchy Online*）。天津：河北大學出版社，一九九八年。

"Rethinking the Internet" A Special Report by Michael J. Mandel and Robert D. Hof in *Business Week*, March 26,2001,pp.43-61.

Janice McLaughlin, Paul Rosen, David Skinner and Andrew Webster, *Valuing Technology: Organization, Culture and Change*. New York: Routledge, 1999.

Janice Hanson and Alison Alexander, *Taking Sides: Clashing Views on Controversial Issues in Mass Media and Society*. Guilford, Connecticut: The Dushkin Publishing Group, Inc., 1991.

Alfred C. Sikes and Ellen Pearlman, *Fast Forward: America's Leading Experts Reveal How the Internet is Changing Your Life*. New York: William Morrow, 2000.

作者簡介

梁元生，一九四九年生於香港，一九七二年香港中文大學崇基學院歷史系畢業，獲甲等榮譽學士學位，一九七四年獲中大哲學碩士學位後，赴美深造，一九八〇年獲加州大學（聖巴巴拉校區）博士學位。曾任新加坡國立大學中文系講師及高級講師，之後在美國加州州立大學任教多年，一九九二年後回港任中文大學歷史系教授，至二〇〇四年四月晉升歷史學講座教授。除任職歷史系之外，還曾經兼任中大人文學科研究所所長、文學院副院長、崇基學院通識主任等職，二〇〇四年八月一日出任崇基學院院長之職至今。二〇〇六年兼任歷史系系主任及人文學科研究所所長，二〇〇八年又兼任中國文化研究所當代中國文化研究中心主任。學術研究之興趣甚廣，包括中國近現代史、城市文化研究（特別是上海、香港和新加坡）、儒學史、中國基督教史、海外華人史等，並在每個範圍內都曾發表過學術專著或研究論文。

著述年表

1《林樂知在華事業與萬國公報》（香港：香港中文大學出版社，一九七八），二七七頁。

2《上海道台研究：轉變中社會的聯繫人物》（英文原著，新加坡：新加坡大學出版社、美國夏威夷州：夏威夷大學出版社，一九九〇，二三七頁；中譯本，陳同譯，上海：上海古籍出版社，二〇〇三）。

3《變遷中的近代中國》（英文原著，梁伯華合編，美國加州：理真納出版社，一九九五），二五七頁。

4《歷史探索與文化反思》（香港：香港教育圖書公司，一九九五），二五六頁。

5《宣尼浮海到南洲》（香港：香港中文大學出版社，一九九五），二六一頁。

6《施榆集》（散文集，香港：香江出版社，一九九六），二六三頁。

7《中國教會大學文獻目錄》（吳梓明合編，共五輯，香港：香港中文大學崇基學院，一九九六——一九九八）。

8《文化傳統的延續與轉化》（劉述先合編，香港：香港中文大學出版社，一九九九），一八八頁。

9《十字蓮花：基督教與中國歷史文化論集》（香港：基督教宗教及中國文化研究出版社，二〇〇四）。

10《東亞基督教再詮釋》（陶飛亞合編，香港：香港中文大學崇基學院，二〇〇四），五〇六頁。

11《新加坡華人社會史論》（新加坡：新加坡國立大學中文系及八方文化，二〇〇五），二一九頁。

12《歷史上的慈善活動與社會動力》（張學明合編，香港：香港教育圖書公司，二〇〇五），二八四頁。

13《基督教與中國》（台灣：宇宙光出版社，二〇〇六），二三五頁。

14《基督教對亞洲挑戰的回應》（英文著作，吳梓明合編，香港：香港中文大學崇基學院，二〇〇七），五五三頁。

15《新秩序的建立及其正統化》（編著，英文，香港：香港中文大學出版社，二〇〇七），三一二頁。